DOSSIERS
DOCUMENTS

GINETTE LÉPINE

PIERRE CORMIER

"VOUS AUTRES AU SYNDICAT..."

QUÉBEC/AMÉRIQUE

450 est, rue Sherbrooke, Suite 390
Montréal, Québec H2L 1J8
Tél.: (514) 288-2371

DÉPÔT LÉGAL:
4e TRIMESTRE 1984
BIBLIOTHÈQUE NATIONALE DU QUÉBEC
ISBN 2-89037-214-6

J'ai envie d'offrir ce livre à beaucoup de gens:

— aux membres du SEUQAM, en guise de bilan que je n'ai pas eu le courage politique de leur transmettre quand j'étais leur présidente; sans eux, rien n'aurait été possible;

— à Lucie Desjardins, pendant longtemps la secrétaire principale et l'âme du SEUQAM; aux deux autres secrétaires, Lucie Bouthillier et Danielle Bissonnette;

— à Normande Lafrenière, qui nous a entraînés dans ses belles folies;

— à Jean-Pierre Gorry, l'ancien directeur de métiers-services, un philosophe, un humoriste et un humaniste qui croit que la justice est une valeur qu'il vaut encore la peine de défendre;

— à Jacynthe Lalonde, Alix Evrard, Danielle Perreault, Lise Matteau, Robert Lapointe et Serge Boileau;

— aux «gars de métiers» qui ne liront peut-être pas ce livre, à Jacques Thériault, Gilles Pruneau, Pierre Normand, Fernando Fortin;

— aux techniciennes en biologie;

— à Emile Gohier, qui fut un directeur du personnel comme il ne s'en fera plus;

— à Anne Lemieux, Gilles Ross, Doris Tremblay et Agathe Racine, avec qui j'ai souvent discuté de ce texte; à Normand Wener, le premier à m'inciter à raconter mon expérience;

— à Danielle Dubé et Patrick Savaria, compagnons d'infortune qui vont comprendre;

5

— à Louis Fournier, Charles Côté, Gilles Lafrance et Jacques Landry, à Louis-Philippe, mon frère, président de syndicat, lecteurs exceptionnels;

— à Yvon Lefebvre et Claude Hébert, avec qui j'ai fait un long parcours concernant l'intervention en milieu défavorisé;

— à ceux qui travaillent comme des fous dans le mouvement syndical, ceux qui s'y sont fait égratigner, ceux qui vont le changer.

Pierre Cormier m'a aidée à construire l'analyse, à rédiger et corriger le texte, à trouver des exemples. Ayant tous les deux été présidents du SEUQAM, nous étions sur la même longueur d'onde. Le livre est écrit à la première personne parce que je l'avais commencé ainsi. *Mais il est devenu un ouvrage écrit à deux, et nous sommes deux à l'avoir mené à terme.*

Nous voulons souligner l'efficacité et le respect de notre texte dont ont fait preuve Jacques Fortin et Diane Martin des Éditions Québec-Amérique. Nous voulons ajouter que beaucoup de personnes nous ont fourni des commentaires et des idées. Un livre devient souvent une affaire collective et les auteurs qui le signent n'en sont pas les seuls artisans.

6

Pour commencer

Chaque fois qu'une question m'intéresse beaucoup ou que je vis une expérience très significative, j'écris. Cela devient parfois un livre. Dans tous les cas, cela me sert de thérapie, me permet de faire le point et de rêver. Mon premier livre était une belle histoire vécue avec deux autres enseignants et des enfants inadaptés; mon second, une réflexion sur les idées en éducation; mon troisième, une contribution à un ouvrage collectif sur la difficulté d'innover à l'Université du Québec à Montréal, université dite innovatrice (ma partie concernait l'ouverture aux milieux populaires). Je m'apprêtais à en commencer un autre. Mais je suis devenue présidente de mon syndicat, ce qui ne laisse pas grand temps pour autre chose. Mon expérience syndicale ayant été très éclairante, elle a fait l'objet de mes écritures.

Entre 1968 et 1975, j'avais fait ma part de piquetage et de manifestations, j'avais été une syndiquée engagée sans cependant occuper de poste dans la structure syndicale. C'était l'époque que les plus de trente ans regrettent tant: fierté et idéalisme, discussions tard dans la nuit entre amis, expérimentations diverses. Le syndicalisme apparaissait dynamique et progressiste. Pour moi, il constituait un moyen de préserver ma liberté dans mon travail; je n'avais pas peur d'agir, je ne risquais pas mon emploi. Le syndicalisme me semblait aussi un moyen efficace d'arriver à réduire les inégalités sociales.

Dans les années qui ont suivi, je me suis éloignée de l'action syndicale, j'ai eu d'autres formes d'engagement. Au Québec comme ailleurs, le climat social s'est refroidi et la réflexion s'est poursuivie au grand ralenti. Le mouvement syndical s'est recroquevillé sur lui-même, au point de n'avoir plus de mouvement que le nom. Comment avait-il pu devenir si bureaucratique, si réfractaire à tout changement? Pourquoi exprimait-il si peu d'idées? Poursuivait-il encore des objectifs de justice sociale? C'est pour vérifier s'il était possible de faire de l'action syndicale d'une façon différente et pour partager mes préoccupations sociales que je suis revenue au syndicalisme. J'en avais une perception de simple membre: j'ai fait l'apprentissage des structures en tant que présidente de syndicat.

****

La première partie de ce livre est une analyse et une critique du syndicalisme traditionnel tel qu'il est pratiqué dans le secteur public. Ce modèle de syndicalisme ne constitue pas l'idéal de tout le monde, loin de là. Mais c'est celui qui domine et qui conditionne tous les militants à un degré plus ou moins prononcé. C'est apparemment la seule façon d'être de gauche dans les milieux syndicaux, c'est la manière officielle d'être de gauche au Québec. Même ceux qui ont fait un cheminement critique n'osent pas se démarquer publiquement de ce modèle. Ce fut mon cas. *La critique que je vais faire s'adresse donc à moi comme aux autres. J'ai été dirigeante syndicale, je n'ai pas échappé aux rôles et au modèle. Cette critique dépasse le cadre du syndicalisme: les problèmes que je veux mettre en lumière, les réactions bureaucratiques, les luttes de pouvoir et les jeux de rôles sont sociaux avant d'être syndicaux, et on les rencontre un peu partout.* Mais le syndicalisme est une des rares forces progressistes organisées, et il doit changer pour être efficace.

C'est devenu un réflexe que de traiter d'antisyndical quiconque émet des critiques face au syndicalisme. J'estime au contraire que ceux qui tiennent au mouvement syndical doivent de toute urgence le transformer. Le modèle classique est devenu un cul-de-sac dans lequel nous sommes tous piégés et, pour un grand nombre, insatisfaits. Des personnes pleines d'énergie

et de ressources intellectuelles se vident dans l'action syndicale. Nous ne proposons plus rien de stimulant. Nous ne tenons
que par notre discours, notre appareil et le travail acharné de
certains militants. Ce ne sont que blocages bureaucratiques,
jeux de procédures entre nous, luttes intestines; pour le grand
public, catalogues de revendications et litanies de dénonciations. Nous sommes imprégnés du défaitisme ambiant, nous
ressemblons trop à ce que nous critiquons. Tenant pour acquis
que le syndicalisme est un facteur de progrès social, nous avons
cessé de réfléchir sur les effets réels de son action; notre discours est resté très à gauche, mais nos pratiques vont dans le
sens du statu quo. *Le syndicalisme dénonce des problèmes
réels et sert souvent de frein à l'exploitation. Mais je veux
insister sur autre chose: les incohérences du syndicalisme.*

Le Québec et le mouvement syndical ont besoin d'un
projet de société cohérent et dynamique. Un projet de société
tient compte des structures et propose donc des changements
structurels; il tient aussi compte de l'humain, des valeurs et
des comportements à transformer. Le système dans lequel nous
vivons n'est pas le pire des mondes, quoi qu'en dise le discours
syndical. Il n'est pas le meilleur des mondes non plus, quoi
qu'en dise le discours dominant. Certains en profitent gras-
sement, d'autres sont laissés pour compte. Mais tout n'est pas
seulement une affaire de structures. Une mentalité de repli sur
soi et de défaitisme s'est imposée. La classe moyenne syndiquée en est un exemple. Elle n'invente plus rien, ni pour
elle ni pour les autres.

Il est difficile de résister au système, puisque chacun l'a
intégré. Mais si suffisamment de personnes arrivaient, dans le
quotidien, à vivre ce qu'elles disent et à utiliser la marge de
manoeuvre dont chacun dispose, elles arriveraient aussi à
modifier le système. Nous oublions trop souvent que les normes
sociales, économiques et culturelles ne tombent pas du ciel;
des êtres humains les ont édictées et nous pourrions les modifier. Les mieux nantis ne transformeront pas les règles du jeu,
c'est évident; d'autres devront exercer des pressions. Mais le
très grand nombre suit la loi du moindre effort, reste fasciné

9

par la richesse et l'autorité, veut éviter les complications et préfère ne pas faire grand-chose à l'intérieur du système parce qu'il en profite ou s'y est adapté. La résistance au changement ne vient pas que d'en haut, elle est partout. Les attentes conditionnent les objectifs: si on pense que rien n'est possible, rien ne sera possible effectivement.

Il y a un équilibre à trouver entre le soi et le collectif, entre la responsabilité personnelle et le contrôle de tout par l'État, entre le discours psychologisant (tout le monde il est beau et gentil, le dialogue règle tous les conflits) et le discours du rapport de forces perpétuel. Il faut inventer des attitudes pour cesser de se rendre collectivement l'existence difficile. Le pouvoir politique est à court d'idées là-dessus, le mouvement syndical et les intellectuels aussi. Le climat a changé mais nous avons changé aussi. Les années 60 ne reviendront pas, mais nous pourrions en retrouver l'enthousiasme. Certains de nos membres n'attendent que cela. Et ce n'est pas en continuant à nous battre avec les autres pour qu'ils se battent pour leurs droits acquis que nous allons pratiquer un syndicalisme progressiste.

****

La deuxième partie de ce livre raconte une tranche de vie du syndicat des employés de l'Université du Québec à Montréal (SEUQAM), c'est-à-dire la section locale 1294 du Syndicat canadien de la fonction publique (SCFP), affiliée à la Fédération des travailleurs du Québec (FTQ). Cette partie intéressera surtout ceux qui sont activement engagés dans les syndicats. Nous avons été une quinzaine à discuter de changements et à tenter des choses, à essayer de motiver nos syndiqués à remplacer le «VOUS AUTRES AU SYNDICAT» par un «nous» collectif. D'autres ont poussé la roue dans le même sens en même temps, sans qu'il y ait nécessairement concertation. Nous avons moins tenté de modifier l'appareil que d'ajouter des éléments. Parler des tournées auprès des membres, des fêtes sur un thème, des journaux syndicaux, des sondages sur le temps de travail, des moyens de pression autres que la grève, c'est présenter une facette du syndicalisme que les media ne dévoilent pas. Je ne veux leurrer personne: l'énergie investie a été considérable, les résultats assez minces. Il n'en reste pas moins qu'il y a eu des moments émouvants, des temps forts, des périodes exaltantes. *Des choses sont possibles, mais il y a un prix à payer pour le changement.*

Le livre se termine par un rêve d'un Québec différent, d'un mouvement syndical et d'une fonction publique qui se remettent en mouvement, de personnes qui retrouvent leur énergie créatrice.

Première partie: Les contradictions syndicales

J'examinerai la réalité syndicale sous différents angles: le modèle de syndicalisme et de militantisme, le métier de président, les réactions des membres, la conception du travail, les inégalités entre syndiqués, les options politiques et sociales. Je me limiterai au syndicalisme du secteur public: la fonction publique, le secteur parapublic (les commissions scolaires par exemple) et le péripublic (les universités par exemple). Je ne connais pas vraiment les syndicats du secteur privé.

J'élargirai ma réflexion aux modes de vie, tant collectifs qu'individuels: les syndiqués sont tout à la fois membres de la classe moyenne, consommateurs, citoyens, parents, amants, individus. Les niveaux de vie s'influencent mutuellement, et toute action de changement du mouvement syndical doit tenir compte de l'ensemble d'entre eux.

Je serai très critique vis-à-vis du mouvement syndical, beaucoup trop diront certains, mais je ne peux accepter que le syndicalisme soit devenu une institution comme les autres tout en se disant différent. Il y a de belles choses qui se font dans les syndicats, mais il y a aussi beaucoup à changer. Mes observations ne sont pas universelles, mais elles décrivent une partie du réel.

J'ai trouvé difficile de rédiger cette première partie et encore plus difficile de décider de la publier. J'aurais aimé que quelqu'un d'autre l'écrive. Mais il faut que les idées circulent si on veut que tant le syndicalisme et la gauche que la réalité québécoise changent. *C'est pourquoi je ne range pas ce texte dans un tiroir, même s'il risque d'être récupéré à d'autres fins que celles pour lesquelles je l'ai produit.*

VICTIME HIER, VICTIME DEMAIN

Le syndicalisme du secteur public place d'un côté les gouvernants et les administrateurs (dans le rôle d'oppresseurs), de l'autre les syndiqués du public (les victimes). Comme dans les westerns, il y a deux «gangs»: les bons habillés en blanc et les méchants habillés en noir. Les relations de conflit sont les seules possibles, et tout doit se jouer selon un rapport de forces.

Le jeu se joue évidemment à deux, et les syndicats n'en ont pas été les initiateurs. Mais il s'y gaspille beaucoup d'énergie alors qu'il existe tant de problèmes réels. L'opposition systématique du syndicalisme tient plus du réflexe conditionné et du jeu de rôles que de la vraie révolte fondée sur l'indignation ou que du désir réel de changement. Je suis devenue sursaturée de la critique syndicale, car elle ne s'accompagne pas d'alternatives concrètes.

A- «Les boss, les boss, les hosties de boss»

Toutes les administrations se valent, elles sont toutes pourries. Il est donc interdit de souligner que l'administration d'une institution puisse avoir un comportement civilisé. Ceux qui le font sont regardés de travers: «Tu ne nous diras quand même pas qu'il n'y a pas de problèmes chez vous?» Nous dénonçons la mauvaise foi des patrons et nous en manifestons nous-mêmes. Nous les accusons de prendre des positions extrêmes, nous faisons souvent la même chose, c'est la dyna-

15

mique des relations de travail traditionnelles et aucune des parties ne peut y échapper tant qu'on n'en change pas les règles. Quand l'employeur manifeste une ouverture, nous soupçonnons qu'il y a anguille sous roche au lieu de réserver notre jugement et de réagir si notre confiance est trompée.

Notre attitude frise parfois la paranoïa. Certains militants voient des provocateurs à la solde des patrons partout. Il suffit qu'une personne s'informe longuement sur les raisons d'un débrayage de 24 heures et ils chuchoteront: «C'est un provo.» D'autres racontent que leur téléphone (au bureau) est sous écoute électronique; on comprend mal pourquoi ils ne demandent pas au syndicat de vérifier.

Au SEUQAM, chaque fois que le président transmet au conseil syndical une proposition patronale, des militants ont la même réaction: les visages se durcissent, il y des ricanements et des airs entendus, des remarques négatives sont murmurées à voix haute. À peine l'exposé est-il terminé que les objections fusent: «C'est du paternalisme.» — «On n'acceptera jamais ça.» — «C'est dangereux.» Dans plusieurs cas, si la même proposition avait été présentée comme une demande syndicale, elle aurait été acceptée par les mêmes militants. C'est d'ailleurs ce qu'il faudrait faire: une proposition acceptable de l'employeur devrait être présentée comme une revendication syndicale obtenue après de longues discussions!

Pour beaucoup de militants, tous les administrateurs, tous les cadres se valent parce qu'ils sont tous des «boss» ou des «hosties de boss». L'image vient du modèle classique du «boss» qui écrase ses employés pour faire des profits. Nous ne pouvons donc pas valoriser les cadres démocratiques et souples, qui établissent et maintiennent un climat de travail remarquable. En même temps, nous dénonçons les patrons autoritaires et méprisants. Nous ne voulons pas admettre qu'une analyse limitée aux structures est insuffisante. Il existe une société, des rapports de pouvoir et des jeux de rôles; les êtres humains y cheminent avec leur personnalité propre et, au-delà des jeux de rôles et des mandats, ils ont une marge de manoeuvre

16

qu'ils peuvent utiliser ou pas. Tous les cadres ne sont pas nécessairement des «hosties de boss».

Nous ne voulons pas analyser les nuances des rapports sociaux, ni la complexité des intérêts (semblables, divergents, parfois les deux). Les cadres subalternes (des «hosties de boss») font partie de la même couche socio-économique que les professionnels et les professeurs d'université (des «bons syndiqués»). Ils ont le même niveau de vie, ils habitent les mêmes quartiers, achètent les mêmes meubles, fréquentent les mêmes restaurants et assistent aux mêmes spectacles. Ils ont certains intérêts en commun: que les rues d'Outremont et de Sainte-Thérèse soient propres, que les écoles privées continuent d'être subventionnées et que leur fardeau fiscal ne soit pas alourdi! Des écarts sociaux et économiques plus grands séparent les ouvriers non spécialisés des professionnels, tous syndiqués pourtant. Nous ignorons ces réalités gênantes.

Les dirigeants syndicaux sont constamment amenés à négocier avec les employeurs. Même si nous signons avec ceux-ci des conventions collectives qui déterminent des règles de gestion (attribution de postes par ancienneté, comités paritaires de perfectionnement, de santé-sécurité), nous dénonçons toute forme de collaboration. Plusieurs se sentent donc mal à l'aise de discuter avec «l'ennemi» et d'entrer en contact interpersonnel avec les patrons. Afin de maintenir un climat très formel, il faut déléguer plusieurs personnes pour négocier la moindre peccadille.

Par ailleurs, être syndiqué est synonyme d'avoir raison et d'être dans son bon droit. Pendant ce temps, des syndiqués en méprisent ou en exploitent d'autres. Toute revendication d'un syndiqué est fondée, peu en importe la teneur. Nous défendons souvent l'indéfendable, et oserions-nous essayer de faire comprendre le bon sens que le syndiqué pourrait nous répondre: «Je suis syndiqué, vous devez me représenter.» Notre jugement critique est inexistant: les revendications d'un syndicat sont toujours «justes et légitimes» et ses moyens d'action toujours justifiés.

Toute remise en question de l'action syndicale est interdite et est même vue comme «délit d'opinion». «C'est faire le jeu de la droite, de l'ennemi.» — «C'est nous affaiblir.» Le syndicalisme semble incapable de se remettre en question. Il rejette sur d'autres la responsabilité des maux dont il souffre: c'est toujours la faute des patrons ou des gouvernements. Il se dit affaibli parce qu'il est attaqué. Or ces attaques ne réussissent si bien que parce qu'elles ont des fondements que le syndicalisme refuse de reconnaître. Nos sujets tabou sont justement nos points faibles: inégalités entre syndiqués, légitimité de la grève dans les transports en commun et dans les hôpitaux, corporatisme syndical... Les groupes qui se savent en perte de vitesse et qui n'ont pas envie de s'attaquer aux changements qui s'imposent réagissent souvent en fuyant la réalité.

B- L'orgasme du conflit

Nous avons trop souvent manqué de rigueur intellectuelle et produit des analyses simplistes qui ne respectaient pas l'intelligence des gens. Parce que nous affirmons, on devrait nous croire; plus nous nous répétons, plus nous sommes convaincus d'avoir raison, moins nous nous préoccupons d'apporter des preuves et des arguments crédibles. Que d'énoncés vides: «Attendu que les droits des travailleurs ne sont pas négociables.» Que de textes sans queue ni tête: «Exemple d'une structure syndicale regroupant des travailleurs combatifs pour encourager et stimuler le potentiel des masses en vue d'une plus grande participation des membres».

Nous enfonçons inlassablement les mêmes clous et nous excellons dans le discours du malheur, du tragique. Nous avons produit des articles et des discours d'une violence inouïe compte tenu des enjeux. La documentation syndicale des années 70 en fourmille d'exemples: «dangereux précédent», «droits constamment bafoués et menacés», «exploitation et aliénation», «écrasement des travailleurs», «conspiration des employeurs pour nous diviser», «trahison de nos chefs». Tout ceci en rapport avec le sort fait aux syndiqués dans le secteur public alors que d'autres travailleurs sont tellement plus mal traités.

Nous ne voulons pas admettre que la stratégie du conflit n'est pas la seule ni la meilleure en tout temps. Il existe des sujets pour lesquels il est possible d'en arriver à une entente négociée. Pour d'autres, l'employeur ne laisse pas de marge de négociation et nous devons utiliser des pressions pour imposer notre point de vue. Mais, conditionnés à l'approche conflictuelle pour tout régler, nous ne voyons rien d'autre, et pire, les solutions négociées sont dévalorisées: «L'employeur est d'accord, ça ne peut pas être bon pour nous.» Les «ardents militants» ont été privés de l'orgasme du conflit. Il faudrait mettre en face à face ceux qui, tant du côté patronal que du côté syndical, recherchent la guerre et laisser négocier les autres pour qu'ils trouvent des solutions aux problèmes réels.

Au SEUQAM, le comité de négociation avait conclu une entente de principe avec la partie patronale pour le renouvellement de la convention collective. Sans même en connaître le contenu, certains militants étaient prêts à poursuivre des moyens de pression au cas où l'accord ne serait pas satisfaisant, au cas où les textes que l'employeur déposerait ne correspondraient pas à l'entente de principe. C'est ce qu'on appelle des représailles préventives pour des problèmes appréhendés.

Plusieurs syndiqués pensent que les syndicats créent les problèmes et les conflits pour justifier leur existence. La stratégie du conflit convient mal à ceux de nos membres (la majorité) qui évitent le plus possible les tensions avec l'autorité dans le quotidien. Des supérieurs ayant des comportements inadmissibles ne se maintiennent en place que parce que les employés ne font que critiquer entre eux sans passer à l'action. Il faudrait les amener à réagir dans le quotidien plutôt que de se contenter de les appeler à la grève générale tous les trois ans. De toute façon, les membres suivent de moins en moins dans la stratégie du conflit. Nous déclenchons parfois des grèves votées par 55% du 30% des membres présents à l'assemblée générale. Dans de telles conditions, la force du rapport est plutôt faible.

Nos militants sont trop portés à l'affrontement et nos membres pas assez; il faudrait prendre aux uns pour donner aux autres. Mais même les militants ne sont pas toujours cohérents: leur discours public diffère de leur comportement dans le quotidien. Certains manifestent à leur patron, quel qu'il soit, tous les signes de politesse attendus, ils ne veulent pas de conflits avec l'autorité qui leur rendraient la vie moins facile.

Nous avons limité notre définition du rapport de forces aux conflits: grèves de toutes sortes. Mais le rapport de forces comporte de multiples facettes: utiliser un négociateur très habile, monter des dossiers étoffés, recourir à des moyens de pression qui embêtent les administrateurs plutôt que la clientèle, arrêter le fonctionnement de la machine administrative de l'intérieur, créer un climat psychologique d'incertitude, s'attaquer à l'image d'une institution ou d'un patron malhonnête, publiciser les positions stupides de l'employeur, renforcer positivement les actions que nous approuvons, faire connaître les gaspillages, ou même simplement que chacun se tienne debout. C'est une perception différente de la dynamique des forces et du contre-pouvoir.

Même s'il tient un discours agressif, le mouvement syndical a développé une mentalité de persécuté. À force de s'opposer et de tout dénoncer, il a perdu sa crédibilité et son pouvoir réel est faible. Il a même perdu la capacité de se donner des causes auxquelles il pourrait croire; la seule expérience collective qu'il fait vivre à ses membres est celle d'être contre (les «boss», le gouvernement…). En restant constamment sur la défensive, il se vide de toute pensée créatrice et il laisse toute l'initiative aux patrons.

La psychologie de la victime en est une de passivité et d'impuissance, même si la victime se plaint sur un ton véhément. Des militants, même parmi les plus radicaux, en sont atteints. Aux rencontres patronales-syndicales, ils se présentent la tête basse, comme à un enterrement. Ils peuvent s'emporter, mais le plus souvent ils n'argumentent pas avec force et conviction à partir d'un dossier étoffé, ils ne font pas savoir qu'ils n'accepteront pas un refus injustifié: «Le directeur du

20

personnel ne veut rien comprendre, qu'est-ce qu'on peut faire?»
Quand l'exécutif passe son temps à discuter des dossiers qui
n'avancent pas et à s'en plaindre au lieu de mettre tout son
poids politique à les faire débloquer, il ne reste plus d'énergie
pour s'occuper des membres et le syndicat glisse dans la moro-
sité.

NE PAS SE DÉCIDER POLITIQUEMENT

Le syndicalisme du secteur public n'a pas de position politique cohérente. Il dénonce le capitalisme, mais il s'arrange néanmoins pour que ses membres profitent du système. Il souhaite un gouvernement ayant un préjugé favorable envers les travailleurs, mais il se refuse aux concertations qui sont à la base de la social-démocratie. Il rêve de socialisme, mais il ne bouge pas le petit doigt pour en préparer l'avènement, il remet la révolution d'année en année. Il se contente de dénoncer l'État, ne se rendant pas compte qu'il dévalorise en même temps l'intervention de l'État et le secteur public.

Le syndicalisme fait des discours idéologiques mais pas de véritable éducation politique. Des syndiqués s'imaginent encore qu'ils peuvent payer moins d'impôts et bénéficier de meilleurs salaires et de services plus nombreux à l'intérieur d'un système capitaliste. Le syndicalisme devra se décider: faire de la politique ou ne pas en faire, en faire au profit de ses membres seulement ou au profit de l'ensemble de la population, choisir le capitalisme, la social-démocratie ou le socialisme.

A- L'État-employeur: on n'en attend rien, on en veut tout

Comme tous les autres groupes de la société, les syndicats accusent l'État de tous les péchés du monde tout en lui demandant de trouver réponse à tout. Chacun tire la couverture de

23

son bord, les entreprises pour les subventions, les syndicats pour les salaires et les conditions de travail, les citoyens pour les services. La capacité à payer de l'État est considérée comme illimitée.

Dans les administrations et les services, beaucoup se servent. Pour le recteur de l'Université de Montréal, c'est une maison et une limousine, pour certains directeurs de cégep une auto fournie, pour certains professeurs d'université des voyages à l'étranger qui n'ont aucune retombée sociale ou scientifique. Il faut utiliser tout le budget et même plus, sinon il sera diminué l'année suivante. Peu de personnes se préoccupent des duplications (la documentation dont chacun veut avoir une copie même s'il n'en a pas besoin, les comités qui veulent réinventer la roue sans regarder ce qui s'est fait ailleurs); peu de personnes cherchent des solutions alternatives qui coûteraient moins cher. Les compressions budgétaires ont eu des conséquences pratiques mais n'ont pas transformé fondamentalement les mentalités.

En plus des dépenses mal planifiées, il y a les détournements de fonds et les vols. Plus on est gros, plus on vole gros et moins on se fait prendre. L'ex-directeur du Cégep Ahuntsic avait octroyé à tous ses cadres 28 jours de vacances monnayables, en sus des vacances normales: coût total de 155 000$, qui ne seront même pas remboursés. Les petits imitent les gros. Ils se retrouvent sans emploi s'ils sont découverts. Un congédiement marque profondément une personne, son univers s'écroule. Les syndicats vont en arbitrage, ce qui ne règle en rien le problème de fond. Le problème, c'est que chacun ne se voit pas aussi comme un payeur de taxes, que ceux qui ont des appuis politiques peuvent s'en tirer à bon compte.

Pour les syndicats du public, l'État capitaliste est l'ennemi des travailleurs. «L'État, rouage de notre exploitation.» — «L'État au service de la classe dominante.» — «L'État anti-travailleur.» Ils ne devraient donc rien en attendre. Pourtant, ils crient au scandale et à la trahison chaque fois que le gouvernement du Québec (c'est toujours de lui dont on parle,

24

jamais de l'État fédéral) n'accorde pas à ses employés ce qu'ils ont demandé.

Sur le plan des relations de travail, les syndicats du public considèrent le gouvernement comme un employeur semblable aux autres. Ils s'opposent à un code du travail distinct pour le secteur public. Ils veulent un processus de libre négociation comme dans le privé. D'où l'un des slogans de l'hiver 1983: «Négocier librement». Par ailleurs, ils n'admettent pas le principe à la base de la libre négociation: les deux parties peuvent faire des demandes. Dans le privé, les syndicats augmentent les leurs en période d'expansion et de profits élevés; en période de récession, c'est l'employeur qui demande d'ouvrir la convention collective, qui procède à des mises à pied. Les syndicats du public veulent pour leurs membres un statut semblable à celui des autres travailleurs quand tout va bien, mais quand ça va mal, ils veulent un statut particulier. «Nos droits acquis, vous n'y toucherez pas.»— «Pas de reculs dans la convention collective.» La «libre» négociation dans le secteur public ne peut être que reconduction ou amélioration du statu quo. C'est incohérent: les syndicats devraient choisir la libre négociation ou l'amélioration constante du sort des travailleurs.

Pour les syndicats du public, l'État (un employeur comme les autres) devrait être un employeur modèle qui donne le ton et qui offre à ses employés des conventions collectives avantageuses. Ils considèrent aussi comme normal que les organismes syndicaux du public bénéficient de toutes sortes d'avantages dont ne jouissent pas ceux du privé. À l'UQAM par exemple, les syndicats ne paient pas de loyers, ils profitent de tous les services, les meubles et appareils de bureau sont fournis et réparés par l'institution. Quand nous faisons des réunions ou que nous organisons des fêtes, les salles ne nous coûtent rien, sauf si du personnel est nécessaire. La liberté d'action syndicale est très grande. Dans la majorité des unités, les délégués peuvent réunir les syndiqués durant les heures de travail.

B- Les grèves

Les syndicats du public dissocient l'État de la population. Ils organisent des grèves sans tenir compte de leur impact sur les citoyens. La population désapprouve les grèves à répétition dans le secteur public, en particulier dans le transport en commun et dans les hôpitaux. Les syndiqués eux-mêmes hésitent de plus en plus à utiliser ce moyen, car ils ne veulent plus perdre de salaire ni pénaliser les usagers. Les syndicats continuent pourtant à voir la grève générale comme le seul recours vraiment efficace.

Ce n'est pas tant la légalité des grèves qui devrait nous préoccuper que leur légitimité et leur efficacité. La légalité n'est souvent que le droit des autorités en place, ce n'est pas un gage de justice. La légitimité est d'un autre ordre. Il ne suffit pas d'affirmer que nos revendications sont fondées ni même de le démontrer pour qu'une grève devienne légitime. Il faut qu'il y ait d'énormes difficultés de relations de travail pour 300 000 travailleurs syndiqués pour qu'il soit légitime de pénaliser 6 000 000 de personnes; il faut avoir épuisé tous les autres moyens de protestation. Dans plusieurs pays, les syndicats du public considèrent la grève injustifiable si c'est la population qui en paye le prix. Ce n'est pas parce que nous avons obtenu le droit de grève que nous devons nous en servir à chaque renouvellement de convention collective. À la CTCUM, un arrêt de travail en hiver, sans avertissement, devient un geste irresponsable, peu en importent les raisons. Les syndicats auraient dû trouver d'autres moyens pour atteindre plus directement leurs administrateurs méprisants.

Les grèves dans les universités ont des conséquences beaucoup moins graves que dans d'autres services publics. Pourtant, même là les usagers vivent des choses pénibles. Des étudiants dont le cours est annulé ne s'en font pas outre mesure; ça leur donne un congé. Mais ceux qui avaient des examens ou des entrevues à passer deviennent anxieux. Ils ne savent pas si, en respectant les lignes de piquetage, ils seront les seuls à avoir raté l'examen. Ils hésitent, ils attendent, ils sont inquiets.

Plusieurs se sentent victimes d'un conflit qui ne les concerne pas.

Les grèves à répétition dans le secteur public ne sont plus efficaces. Leur effet principal est de susciter la hargne des citoyens contre les syndicats, ce qui laisse à l'État beaucoup plus de marge de manoeuvre politique pour poser des gestes répressifs. En 1982-1983, les sondages indiquaient que la population était à la fois contre la loi 70 (coupures de salaires) et contre la grève riposte. Nous avons raté une belle occasion d'utiliser la sympathie de la population à notre égard. Les policiers de la Sûreté du Québec ont été de meilleurs stratèges en décidant d'avertir les automobilistes au lieu de leur donner des contraventions; ils ont obtenu rapidement ce qu'ils voulaient.

De larges secteurs de la population ont acquis une perception négative des centrales syndicales. Même quand ils dénoncent des politiques qui vont à l'encontre des intérêts de tous les travailleurs, les syndicats ne sont pas écoutés. Si le syndicalisme québécois utilisait la grève générale pour exiger le partage du travail et un revenu décent pour tout le monde, il ne serait plus nécessaire de penser à des campagnes de presse pour répondre aux attaques gouvernementales. La population saurait que le syndicalisme est de son côté.

C- La politique du pire

Les syndicats du secteur public dissocient l'État de la population quand ils organisent des grèves; ils font de même quand ils établissent leurs revendications. Ils ne se préoccupent pas des effets économiques et sociaux de leurs demandes, l'État étant un employeur comme les autres.

Alors que les syndicats du privé peuvent plus ou moins obliger les employeurs à partager leurs profits avec les syndiqués, les syndicats du public ne peuvent que plus ou moins obliger l'État à redistribuer les coûts parmi la collectivité. Vouloir faire payer les riches, quand c'est au profit d'un seul groupe et non pas au profit de l'ensemble de la population et surtout des moins nantis, ce n'est qu'une aspiration égoïste.

Faire payer les riches implique un choix de société et cela suppose même que ce choix est déjà fait. C'est l'idéal socialiste que le mouvement syndical met de l'avant. Dans le contexte nord-américain, c'est presque une utopie. Pour instaurer le socialisme, il faudrait que la population du Québec s'en donne le projet collectif, soit prête à en assumer les lourdes conséquences et à faire l'immense effort de création nécessaire. Mais les Québécois n'ont même pas voté oui au référendum, ils tiennent au mode de vie nord-américain, ils n'ont pas vraiment repris en main leur économie, ils sont loin du socialisme. Les syndiqués eux-mêmes n'ont pas l'âme aux bouleversements. Le mouvement syndical a beaucoup discouru sur ce thème, il n'a pas fait grand-chose pour préparer l'avènement d'un système politique radicalement différent. Le «parti» qui devait rejoindre les masses n'existe toujours pas et il reste le rêve d'une poignée d'intellectuels... qui peuvent le plus souvent se permettre d'attendre les progrès sociaux dans la pureté idéologique et le confort matériel.

Obnubilé par l'idéal socialiste, une bonne partie du mouvement syndical (sauf à la FTQ) n'a pas véritablement soutenu l'option plus réaliste de la social-démocratie. La social-démocratie fait cohabiter la libre entreprise avec des mesures gouvernementales énergiques pour le plein emploi, la réduction des écarts de revenus et l'égalisation des chances. Pour ce faire, le syndicalisme devrait accepter les concertations avec l'État et les employeurs et un schéma de relations de travail bien différent de l'actuel. Les nantis et les entreprises (qui paient peu ou pas d'impôts) seraient évidemment contraints d'assumer leur part des coûts sociaux. Mais les syndicats devraient aussi faire accepter par leurs membres des impôts plus élevés. Tout cela permettrait d'assurer à tous (non seulement aux syndiqués) un bien-être minimal. Le syndicalisme ne pourrait plus se contenter d'un rôle de critique détaché, il devrait s'engager dans une démarche réformiste et appuyer activement un parti politique qu'il aurait contribué à mettre au pouvoir.

28

Le Parti québécois est nationaliste avec un programme social-démocrate. Après la défaite référendaire, lorsque la crise économique prit de l'ampleur, manifester de la sympathie pour le PQ devint suspect dans les syndicats. Ceux qui n'avaient pas appuyé le PQ raillaient les autres: «Moi, je n'ai jamais voté pour un parti bourgeois.»

À l'heure actuelle, le ressentiment face au PQ tient lieu de projet politique dans les syndicats du secteur public. Nous avons oublié que le PQ a représenté un idéal, qu'il a permis au peuple québécois de se faire respecter, qu'il a réalisé plusieurs réformes progressistes en début de parcours. Il est devenu un gouvernement ordinaire, mais crise économique et progrès sociaux ne vont pas de pair. «Une chance qu'on n'a pas voté oui au référendum.» — «On va faire battre ce gouvernement-là!» Les coupures de salaires et les décrets ont suscité ces réactions, les autres gestes conservateurs du PQ en ont suscité beaucoup moins. Nous ne précisons pas quel parti nous allons mettre au pouvoir, nous serions obligés d'admettre que ce seront les libéraux— qui ont l'appui des milieux les plus conservateurs — et ce même Bourassa que nous avons pendu tant de fois en effigie. Peut-être aurions-nous été mieux avisés de soutenir l'aile gauche du PQ avant que les Bisaillon, Marois et autres quittent.

Nous avons été déçus du PQ, nous jetons par-dessus bord la social-démocratie et la souveraineté du Québec qui l'aurait facilitée. Nous devrions continuer à nous enthousiasmer pour ces idéaux et chercher les moyens de les concrétiser. «Le PQ dans l'Q» est une réaction de dépit mais ce n'est pas un projet de société.

LA DÉFENSE DES TRAVAILLEURS

Le syndicalisme se présente comme le défenseur des intérêts des travailleurs et des couches populaires. Cela aurait un sens si tous les travailleurs étaient syndiqués ou si le syndicalisme maintenait activement des revendications larges: emploi, logement, transport… Mais ce n'est pas le cas. Environ le tiers de la main d'oeuvre salariée est syndiqué, et cette proportion diminue. Par ailleurs, le syndicalisme ne se bat pas activement pour l'ensemble de la population ni pour les moins favorisés. Dans les faits, le syndicalisme sert d'abord et avant tout les intérêts de ses membres: la partie de la classe moyenne travaillant dans le secteur public et les travailleurs des plus grosses entreprises.

La grille syndicale oppose possédants à travailleurs et regroupe dans un seul bloc d'intérêts l'assisté social et le chômeur, l'opératrice de machine à coudre et la coiffeuse, l'ouvrier des grosses usines et l'électricien, la secrétaire de direction et le professionnel du gouvernement. Elle énonce ainsi une demi-vérité.

Il existe plusieurs catégories de travailleurs. Les uns gagnent le salaire minimum, travaillent quarante heures par semaine dans des conditions souvent pénibles, obtiennent deux semaines de vacances non consécutives et n'auront jamais de sécurité d'emploi. Certains font l'objet d'une surveillance constante, sont rémunérés à la pièce, travaillent au noir. À l'autre extrême, d'autres ont tout ou presque; on pourrait se

31

demander ce qu'il est encore possible de revendiquer pour les professeurs d'université par exemple.

La classe moyenne s'élargit de plus en plus, le style de vie des plus riches représente toujours l'inaccessible idéal. Il n'en demeure pas moins que l'échelle sociale comporte de nombreux paliers et que les «non-possédants» ne vivent pas tous de la même façon. Ils ont des revenus, des degrés de scolarité, des styles de consommation différents; ils n'exercent pas le même degré de contrôle sur leur travail. Ils ne portent pas les mêmes prénoms: les Ginette, les Roger et les Yvon ont le plus souvent grandi dans un milieu populaire, ce qui n'est généralement pas le cas pour les Anne et les Martin.

Chaque groupe social a ses signes distinctifs. Les uns habitent les banlieues ou rénovent des triplex achetés en copropriété. D'autres sont locataires dans Rosemont ou dans Hochelaga-Maisonneuve. D'autres enfin sont chambreurs et certains n'ont même pas de domicile fixe. Les uns fréquentent les magasins d'alimentation spécialisés. D'autres font leur commande chez Steinberg le jeudi soir. D'autres envoient leur fille chez l'épicier du coin qui doit majorer ses prix parce qu'il accepte de faire crédit. Certaines ont un coiffeur; d'autres vont chez la coiffeuse; d'autres se font couper les cheveux par une voisine. Les boutiques, Eaton, Miracle Mart, Rossy ou les magasins de l'Armée du Salut, autant d'endroits où acheter des vêtements selon sa couche sociale.

En voyage, les uns se rendent à Ogunquit, en Europe ou au Mexique. D'autres vont à Old Orchard et à Miami ou installent leur tente-roulotte dans un camping. D'autres se bercent sur la galerie durant l'été et sortent le moins possible durant l'hiver. Les uns accordent de l'importance au développement personnel; ils projettent de suivre une thérapie quand ils ne se sentent pas à l'aise dans leur peau; ils insistent sur la communication. D'autres ne font pas de longues entrées en matière, ils répondent par oui ou par non. Certains explorent leurs phantasmes sexuels ou inventent des jeux amoureux; d'autres ont des relations sexuelles.

Chaque classe sociale se reproduit, tant la classe supérieure que les autres. C'est tout jeune qu'un enfant apprend sa couche sociale par le langage, les jouets, l'environnement, les comportements et les valeurs des adultes autour de lui. Certains s'amusent à programmer des micro-ordinateurs à six ans, alors que d'autres sont laissés aux jeux vidéo et aux arcades. Les uns fréquentent le cégep ou l'université; les autres apprennent un métier; les moins favorisés, même s'ils sont débrouillards et spontanés, quittent l'école tôt pour tenter de se payer ce que les autres ont. La perception du temps et la capacité de planifier influencent l'abandon ou la poursuite des études. Il en est de même pour la présence de modèles: un grand frère qui continue ses études ou qui les abandonne trace la voie. De toute façon, l'école continuera à jouer son rôle de sélection tant qu'il y aura des inégalités sociales marquées.

Au Canada, le 20% supérieur gagne 47,5% des revenus, tandis que le 20% inférieur se contente de 2,6%[1]. Un Québécois sur cinq vit sous le seuil de la pauvreté; les femmes de plus de 65 ans et celles qui sont chefs de famille sont particulièrement touchées. Le problème de la pauvreté est encore plus complexe que celui de l'inégalité des revenus. Ce n'est pas seulement une question matérielle, c'est aussi une question d'image de soi et de privations culturelles et sociales. Les assistés sociaux et les chômeurs constituent des groupes non organisés, chacun se trouve seul face à son insécurité ou à sa révolte. Certains profitent du système, mais la majorité est mise à l'écart parce qu'elle n'a pas eu la chance d'être née à la bonne époque, dans le bon quartier ou la bonne famille. Être mis à l'écart signifie perdre son pouvoir d'action directe sur la société. Quant aux pauvres qui travaillent, ils sont les plus invisibles de tous. Ils sont employés dans les industries à bas salaires, par exemple l'habillement et le commerce au détail. Ils ont des emplois à temps partiel, saisonniers, temporaires. Ils ne sont évidèmment pas syndiqués.

---

[1] «Cahier d'animation de la Grande Marche», 1983, p. 4.

En période de crise économique, la situation de larges couches de la population se détériore. Des personnes qui avaient jusqu'alors un niveau de vie confortable se retrouvent devant rien et les jeunes sont frappés de plein fouet. En janvier 1983, il y avait 25% de chômeurs en Gaspésie et en Abitibi, 14% à Montréal[2]; les coûts humains et sociaux en sont astronomiques. Le taux de chômage officiel des 15-25 ans était de 23,5%, sans compter les assistés sociaux et les étudiants «forcés»[3]; c'est le goût de l'avenir qui se perd chez les jeunes. Il n'y a pas, il n'y aura plus de travail à 35 heures par semaine pour tout le monde; la reprise économique risque de se faire sans création suffisante d'emplois. On peut entrevoir une société où les travailleurs seront scindés en deux groupes: les plus favorisés auront accès à un marché du travail stable, les autres en seront plus ou moins exclus.

Ce n'est pas parce qu'ils ont tenu un discours aux accents révolutionnaires que les syndicats du public ont fait réfléchir leurs membres sur les inégalités et les injustices sociales. La pauvreté et la précarité financière ne sont à peu près jamais abordées dans les réunions syndicales. Pourtant, les syndiqués ne jugeront le changement social indispensable que s'ils comprennent, avec leur tête et leur coeur, que l'écart qui les distance des défavorisés est aussi inacceptable que celui qui les sépare des nantis.

Beaucoup de syndiqués, surtout parmi les mieux traités, se plaisent à imaginer qu'ils méritent ce qu'ils ont. Ils seraient plus motivés, ils auraient fait l'effort d'étudier, ils travaillent dur. Ils ne veulent pas admettre que le revenu et la situation d'emploi ont peu à voir avec le mérite. Pendant qu'ils étudiaient, les gars et les filles qui se trouvaient sur le marché du travail à 16 ou 18 ans faisaient des efforts eux aussi. Les bas salariés sont loin d'être ceux qui travaillent le moins fort. Le concept de mérite convient à ceux qui s'en tirent bien, et le corporatisme syndical les sert bien.

---

[2] «Cahier d'animation de la Grande Marche», 1983, p. 3.
[3] «Cahier d'animation de la Grande Marche», 1983, p. 3.

34

Par ailleurs, d'autres syndiqués ont une conscience sociale. Ils souhaiteraient que les syndicats sortent de leur corporatisme. Les syndicats ont développé une argumentation pour les faire taire: «Vous avez été intoxiqués par la propagande du PQ. Vous répétez naïvement le discours de Lévesque et de Parizeau. Vous nuisez à la cause syndicale.» Comme si les syndiqués avaient besoin de René Lévesque pour comprendre qu'ils sont dans une meilleure situation que les 450 000 chômeurs, que les 600 000 assistés sociaux et que la grande majorité des travailleurs non syndiqués. Dans l'optique syndicale, ceux qui sont conscients de la richesse sont de gauche, mais pas ceux qui sont conscients de la pauvreté.

Pendant la crise économique, le syndicalisme du secteur public a maintenu son discours sans l'élargir: «Les travailleurs syndiqués du public ne seront pas victimes de la crise, ils n'en sont pas responsables.» Durant quelques mois, il a même nié l'existence d'une crise économique. Pendant ce temps, le système ne s'effondrait pas, les riches continuaient d'être riches, les plus mal pris l'étaient de plus en plus. Les députés se sont voté une augmentation de salaire indécente. Les syndicats du public ne se sont mis en grève que pour eux-mêmes.

Les syndicats du secteur public ont raison de vouloir protéger les emplois et les revenus de leurs membres. Nous n'avons pas à nous sentir responsables de tous les maux du Québec, mais nous n'avons pas le droit de nous en désintéresser. Que les syndicats organisent une Grande Marche pour l'emploi n'est pas suffisant. Se donner un rôle de locomotive, c'est-à-dire tenter d'obtenir des conventions collectives modèles et argumenter que le schéma s'appliquera ensuite au secteur privé par un effet d'entraînement ne suffit pas non plus. Il faut faire beaucoup plus.

De toute façon, les syndicats du secteur public ont intérêt à ce que des solutions de gauche soient trouvées à la crise et que de nouveaux progrès sociaux se fassent. La classe moyenne a intérêt à ce qu'il y ait moins de pauvreté, avec les problèmes sociaux qui en découlent (l'agressivité dans les polyvalentes de milieux défavorisés, la délinquance et les vols dans les domiciles, l'univers des prisons...). Les riches ne se mettront pas spontanément à distribuer leur richesse dans une société inégalitaire où chacun pense mériter ce qu'il gagne et en avoir besoin. Pour modifier les règles du jeu, il faut une volonté politique et collective ferme et une alliance des syndiqués avec la population.

LES INÉGALITÉS ENTRE NOUS

Le syndicalisme dénonce la division du travail dans le système capitaliste: le travail intellectuel est plus valorisé et mieux rémunéré que le travail manuel. Mais le syndicalisme ne veut pas ouvrir le débat sur la question des inégalités entre nous, sous prétexte que cela affaiblirait la solidarité ou que les vrais combats sont ailleurs. Cette situation engendre un discours pour le moins étrange.

> Un des quatre secteurs qui composent le SEUQAM est le secteur professionnel. Secteur difficile à cerner, ses membres sont souvent identifiés aux cadres et aux administrateurs. Plusieurs syndiqués les placent dans une classe à part, sinon privilégiée, au point de vue salaires et conditions de travail.
> Devant ces mythes et ces préjugés, nous croyons que seule une information concrète sur le vécu de ces travailleurs peut apporter un éclairage réaliste et sain pour la vie et l'unité syndicales.[4]

Pourtant, viser à réduire les écarts entre nous n'équivaut nullement à nier qu'il faut avant tout mieux répartir la richesse entre tous.

L'approche syndicale maintient aussi la division du traval. Le syndicalisme cloisonne chacun dans sa description de tâches et n'encourage pas que des équipes se partagent le travail sur des bases moins hiérarchiques que celles des catégories

---

[4] «Les professionnels? Connais pas...», Le Soutien, vol. 6, numéro 4, avril 1982, p. 2.

professionnelles. Il n'a pas suscité de débat chez ses intellectuels sur l'utilisation du savoir, qui sert beaucoup plus les
individus qui le possèdent que la collectivité qui les entoure.

A- Entre syndiqués du public

Le secteur public est syndiqué depuis vingt ans et les
écarts salariaux n'y ont pourtant que peu diminué. Les revendications du Front commun n'ont pas produit d'effets très
significatifs, sauf pour le salaire minimum dans le secteur
public. Il a fallu attendre le troisième Front commun (1979-
1980) pour qu'une priorité réelle soit accordée aux faibles salariés. L'État s'est alors porté à la défense des mieux nantis et
les syndicats ne s'en sont pas formalisés outre mesure. En
1982, avant les coupures, les salaires variaient du simple au
quadruple entre les bas salariés et les professeurs d'université
les mieux payés. Admettre des écarts aussi marqués, c'est être
prêt à admettre que le revenu d'un médecin puisse atteindre
150 000$ et celui d'un homme d'affaires 200 000$.

Les syndicats ont toujours revendiqué le strict maintien
du pouvoir d'achat pour tout le monde, y compris ceux qui
gagnaient 50 000$ par année. Une indexation de 10% repré-
sente 4 500$ pour un travailleur gagnant 45 000$ et 1 500$
pour un autre gagnant 15 000$. Les bas salariés l'utilisent pour
payer l'augmentation des coûts de nourriture, de logement et
de vêtements. Une partie seulement du revenu supplémentaire
des hauts salariés est consacrée aux besoins essentiels; il leur
en reste pour l'épargne et les biens de luxe, même en tenant
compte de l'impôt marginal. Les syndicats auraient pu ne pas
exiger d'indexation pour le superflu et négocier plutôt des augmentations substantielles pour les bas salariés, ce qui aurait
réduit les écarts. Les plus favorisés (des intellectuels) en auraient
été offusqués et auraient lorgné du côté du secteur privé, mais
combien y seraient allés? Nous dénonçons le système capitaliste, mais nous en respectons les règles.

Au SEUQAM, les plus bas salariés gagnaient 2,16$ l'heure
en 1970 et les plus haut 8,12$. En 1982, les plus bas gagnaient

7,70$ (14 200$ annuellement) et les plus hauts 25,47$ (46 800$ annuellement). Le rapport s'était amélioré, mais il demeurait supérieur au triple. Pour chaque secteur, les moyennes avant les coupures donnaient:

	taux horaire	salaire annuel
métiers-services	9,75	19 700[5]
bureau	11,20	20 400
technique	13,96	25 400
professionnel	19,43	35 400

Cela ressemble étrangement à une valorisation beaucoup plus forte du travail intellectuel que du travail manuel!

D'un groupe de syndiqués à un autre, les conditions de travail, les avantages sociaux et les «droits acquis» diffèrent, parfois considérablement. À l'UQAM, les employés réguliers ont droit à la sécurité d'emploi, à des jours de maladie, à une assurance-salaire, à des congés pour un décès dans la famille; les surnuméraires n'avaient rien de tout cela. Les profession-nels bénéficient de l'horaire flexible c'est-à-dire qu'ils peuvent faire leur semaine de travail de 35 heures selon un horaire personnalisé; les techniciens, les métiers-services et les per-sonnes du secteur bureau ne l'ont pas. Les professeurs ont un statut tout à fait particulier: ils planifient leur travail à leur guise et en déterminent les orientations; ils établissent leur horaire à leur convenance; ils peuvent assister à des congrès à l'étranger, tous frais payés, et prendre des années sabbatiques payées à 80%, alors que leur travail même permet un res-sourcement continuel.

Chaque section locale fait primer ses intérêts sur ceux des autres s'il le faut. Le secteur universitaire n'a pas adhéré au Front commun, entres autres parce qu'il possédait de meilleurs plans d'évaluation qu'il aurait risqué de perdre avec le Front commun. Les employés de l'Hydro s'arrangent pour obtenir plus que les autres depuis 1972. En 1982, quand le gouver-

---

[5] Les métiers-services font 38 heures 3/4, alors que les autres font 35 heures.

nement a annoncé son intention de décréter les salaires, certains groupes supputaient leurs chances d'échapper aux décrets et d'obtenir un statut particulier. Les groupes plus marginaux, ceux qui ont les pires conditions de travail, sont ceux dont on se sent le moins solidaire. Le personnel de l'entretien et les agents de sécurité travaillant pour des sous-contractants ne sont nullement respectés.

B- Avec les syndicats du privé

Certains groupes du privé ont une situation plus intéressante que la nôtre; la grande majorité est beaucoup moins favorisée. Les syndicats du public prétendent que nous devons nos acquis à nos dures luttes. Ils ne veulent pas analyser le jeu terriblement injuste du rapport de forces.

Il existe plusieurs facteurs dans un rapport de forces: traditions de relations de travail, capacité réelle de payer de l'employeur, possibilité qu'il a de fermer une usine pour en ouvrir une autre 2 000 kilomètres plus loin, contexte économique, personnalité des négociateurs syndicaux et patronaux, détermination des travailleurs, appuis sur lesquels ils peuvent compter, stratégie de résistance syndicale. Pour le secteur public, il faut ajouter le poids politique et le pouvoir de chantage selon les syndicats. La combativité des travailleurs n'est qu'un élément parmi d'autres.

Autant dans le secteur public que dans le privé, la stratégie du rapport de forces local est une stratégie de maintien des inégalités; les Fronts communs de négociation n'y ont changé que peu de choses. Ceux qui bénéficient de circonstances favorables obtiennent dès le départ des acquis meilleurs que ceux d'autres groupes. Et comme la logique syndicale mène à améliorer les acquis, ceux qui en ont plus en auront encore plus. Lors de la négociation pour le renouvellement d'une convention collective, un groupe ayant déjà une bonne convention est en meilleure position qu'un autre qui n'a rien dans les mains.

Les employés de Molson ont besoin de moins de combativité s'ils déclenchent une grève en pleine canicule; de plus, leur compagnie n'est pas au bord de la faillite et n'est pas près de déménager ses pénates en Ontario. Aux policiers, aux employés de l'Hydro, aux professeurs d'université, il faut très peu de combativité pour obtenir une bonne convention et l'améliorer, même en période de crise économique. Les professeurs de l'UQAM (CSN) ont obtenu à peu près le statu quo dans leur convention collective en 1983, alors qu'ils constituent l'un des groupes les plus favorisés du secteur public. De leur côté, les enseignants du primaire, du secondaire et du collégial ont vu leur tâche augmenter. Pourtant, enseigner au secondaire est nettement plus éprouvant que donner six heures de cours par semaine devant un auditoire universitaire et faire de la recherche.

Il est faux de penser que nous sommes maintenant mieux traités dans le secteur public uniquement parce que nous avons été plus combatifs que les autres. D'abord, nous avons fait des luttes, mais elles n'ont généralement été ni très longues ni extrêmement dures comparativement aux luttes les plus dures du secteur privé. Ensuite, des circonstances historiques nous ont favorisés. Le gouvernement du Québec ne s'est constitué en État moderne qu'à partir de 1960. Il a eu besoin de fonctionnaires, d'enseignants, d'infirmières pour implanter un système public d'éducation, de santé, de rentes... La dynamique des relations entre Québec et Ottawa a joué, le gouvernement québécois tentant de se doter d'une fonction publique aussi compétente que celle du fédéral. Pour réaliser ses objectifs, il avait besoin de ses fonctionnaires: il a acheté la paix lors du renouvellement des conventions collectives. Le Parti québécois a voulu influencer notre vote référendaire en nous offrant des conventions collectives inespérées. La récession économique a obligé le gouvernement à changer ce qui était presque une tradition.

La formule Rand (l'obligation pour tous de payer la cotisation syndicale) a permis au secteur public d'occuper la plus grande partie de l'espace syndical au Québec. Le public est syndiqué à 100% ou presque. Dans le privé, environ les trois quarts sont non syndiqués et pour ainsi dire non syndicables dans l'état actuel des lois.

Nous avons presque étouffé le discours du privé. Quand celui-ci a demandé au syndicat de l'entretien de la CTCUM de ne pas se mettre en grève en hiver parce que les autres travailleurs en seraient durement pénalisés, il n'a pas été écouté. Quand il a choisi le temps partagé pour éviter des mises à pied, nous l'avons regardé de haut. Le Fonds de solidarité de la FTQ est une idée généreuse. Des militants se sont empressés de le démolir au lieu d'en faire une critique constructive. «Les impôts versés par les travailleurs servent déjà à subventionner les entreprises.» — «Les interventions basées sur le pouvoir du capital risquent de nous éloigner des revendications axées sur le rapport de forces.» Durant l'année 1982-1983, la situation était catastrophique dans le privé et les syndicats voyaient leurs effectifs considérablement réduits à cause des mises à pied et des fermetures. Les dirigeants du Front commun ne se faisaient pas accompagner par ceux du privé pour dénoncer la situation globale quand ils organisaient des conférences de presse; ils ne parlaient que du sort fait au secteur public.

La plupart des militants et des syndiqués du public ne côtoient pas les travailleurs du privé. C'est encore plus vrai pour les intellectuels: leurs conjoints, leurs amis sont des syndiqués du public, ils regardent l'univers dans un miroir. Le décalage entre le public et le privé se trouve renforcé par les catégories de travailleurs qui les composent. Le secteur privé syndiqué comprend principalement des ouvriers spécialisés et des travailleurs manuels, le secteur public des intellectuels et des cols blancs. La mentalité ouvrière est une réalité que nous connaissons mal, et ce n'est pas en jouant la carte de l'anti-intellectualisme à la mode dans certains milieux que nous la connaîtrons mieux. À force de ne considérer que les facteurs politiques et économiques, nous avons mis de côté les facteurs socio-culturels et les valeurs. Un ouvrier qui a le même revenu qu'un intellectuel n'en a pas pour autant le même mode de pensée. Pour s'en convaincre, il suffit d'observer l'attitude des uns et des autres vis-à-vis des services publics et des subventions: les ouvriers restent méfiants.

La mentalité ouvrière a des points forts, des faiblesses et des limites Il ne s'agit pas de tomber dans le populisme et de porter aux nues tout ce qui vient du monde ouvrier. Nos modes de fonctionnement de cols blancs et d'intellectuels ont également des limites. Nous aurions tout avantage à faire jouer la mentalité ouvrière et la mentalité intellectuelle de façon complémentaire. Nous pourrions peut-être ainsi sortir de nos débats interminables, de nos culs-de-sac théoriques, de notre sentiment d'impuissance, de notre désarroi actuel. Ainsi, le mouvement syndical aurait quelque raison de prétendre qu'il représente toutes les catégories de travailleurs.

C- La condition féminine

Les syndiqués, ce sont aussi des syndiquées. Les conditions de vie et de travail des femmes sont discutées dans les syndicats. «À travail égal, salaire égal» était un pas en avant. Depuis quelque années cependant, la tendance qui voit l'homme comme oppresseur a pris souvent le devant de la scène, alors que la plupart des syndiquées veulent faire un cheminement avec les hommes pour se libérer des conditionnements. Le thème du harcèlement sexuel — quoique important — et celui de la féminisation des textes ont pris beaucoup trop de place. Il est inquiétant que, année après année, certains syndicats ne pensent qu'à présenter des documents sur le harcèlement sexuel pour fêter la journée des femmes: c'est confirmer celles-ci dans un rôle passif de victimes et les hommes dans le rôle d'oppresseurs.

Pourtant, il reste beaucoup de gestes à poser et beaucoup d'étapes à franchir. La source des inégalités demeure la division des fonctions: les femmes à la maison et les hommes au travail. Une femme sur deux environ n'a toujours pas de revenu autonome. La solution est simple: les femmes doivent avoir un accès égal au marché du travail, et les tâches ménagères doivent être partagées. C'est la condition première de l'autonomie financière et affective des femmes. Les hommes et les femmes pourraient alors modifier leur système de valeurs, leurs attitudes et leurs comportements.

Certaines conditions sont nécessaires pour que le travail rémunéré et le travail ménager soient partagés: baisse du taux de chômage, formation professionnelle suffisante, abolition des ghettos d'emploi, possibilité de réaménager le temps de travail, accès à des services en soirée, service de garde dans les écoles, ouverture permanente de certaines garderies, camps de vacances, aide ménagère pour les familles avec des jeunes enfants, engagement des adultes sans enfants et des adolescents auprès des plus jeunes. Il y a tellement à faire pour que l'éducation des enfants ne repose plus si lourdement sur les femmes et la famille, pour que les jeunes soient socialisés selon un modèle non sexiste, pour que les femmes ne se sentent plus coupables de quitter la maison, pour que les enfants cessent de considérer leur mère comme une servante, pour que les hommes se sentent aussi concernés que les femmes par la bonne marche de la maison!

La psychologie moderne a fait des énoncés excessifs: la présence constante de la mère serait indispensable au développement et à l'épanouissement de l'enfant, ce qui signifierait que les garderies sont une solution de second ordre. Cela n'a pas de fondement scientifique, ce n'est qu'une idéologie qui répond à une organisation sociale donnée. Il y a eu ici et ailleurs d'autres formes d'éducation et de socialisation des jeunes: la famille québécoise élargie où la soeur plus âgée, la tante ou la grand-mère s'occupaient des enfants, le collège pour les garçons, la nourrice, les kibboutz où la collectivité prend en charge les enfants. Durant l'effort de guerre, les femmes étaient dans les usines et on a mis en place des garderies fort attrayantes. Quand les hommes sont revenus de la guerre, on a construit les banlieues et les femmes sont retournées dans leur cuisine. La place des femmes est là où la société le décide. La façon d'être une bonne mère ou un bon père varie selon les époques. Il nous faut démystifier tout cela.

44

Les syndicats auraient tout avantage à ce que l'éducation des enfants devienne une responsabilité plus collective, ce qui permettrait aux adultes — aux femmes surtout — d'avoir du temps pour s'engager syndicalement et socialement. Cela diminuerait les problèmes des familles monoparentales et les inégalités sociales, et mettrait les jeunes en contact avec des adultes différents de leurs parents et des milieux autres que le leur. Les syndicats auraient tout avantage à mieux intégrer les revendications des femmes, ainsi que leur façon d'appréhender la réalité et de vivre leurs sentiments, ce qui transformerait le modèle même du syndicalisme.

SUBIR LE 9 À 5

Dans la société, la valeur «travail» a été déclassée. L'accent a été mis sur la vie privée et la consommation. Le syndicalisme, alimenté à la grille marxiste, considère le travail comme une aliénation et une exploitation dans le système capitaliste. Il parle de «droit au travail» mais du point de vue du revenu. En ce sens, il ne peut aller à contre-courant et revendiquer l'épanouissement au travail. Il ne vise qu'à limiter les dégâts en faisant augmenter les salaires et les avantages sociaux et en faisant diminuer la charge de travail. Il ne cherche qu'à minimiser l'insatisfaction par rapport aux conditions de travail[6]. Les travailleurs renoncent à exiger la transformation radicale du travail. Ils attendent les week-end, les vacances, la retraite pour «profiter de la vie».

Le travail est encore un élément central de l'existence. La satisfaction qu'on en retire (ou pas) conditionne en partie notre qualité de vie. Ceux qui ne font qu'attendre que cinq heures arrive sont rarement très heureux. J'ai été déçue de constater que la satisfaction au travail n'est pas une préoccupation réelle des milieux syndicaux.

A- La stratégie de la chaise

Tout le monde se plaint de la qualité du travail de tout le monde et du peu d'attention porté à la clientèle: «Je viens de sortir du garage et le mécanicien a mal réparé mon auto.»

---

[6] La satisfaction au travail dépend du travail lui-même; l'insatisfaction dépend des conditions: horaires, bruit…

— «J'ai acheté cette télévision neuve et elle n'a jamais bien fonctionné.» — «J'avais un rendez-vous chez le médecin à sept heures, il m'a fait passer à neuf heures.» C'est la même chose dans le secteur public. La secrétaire au gouvernement qui fait la file au bureau de poste durant son heure de lunch trouve que les commis passent trop de temps à jaser entre eux. L'infirmière inscrite à l'université se dit que les services devraient rester ouverts jusqu'à dix-huit heures et que les employés pourraient accepter des horaires en conséquence. L'enseignante qui se fait renvoyer d'un service à l'autre au ministère des Transports pense que les fonctionnaires se fichent des citoyens.

Quand il s'agit de l'entreprise privée, on peut jeter le blâme sur la recherche du profit maximum et la parcellisation du travail. Dans le secteur public, on peut s'en prendre à la machine bureaucratique et à la monotonie des tâches, on peut s'en prendre à des patrons incompétents et inefficaces. Mais les stratégies syndicales y sont aussi pour quelque chose.

Pour empêcher des cadres de surcharger certains employés et pour circonscrire la charge de travail de chacun, nous avons développé la stratégie de «chacun sa chaise». Nous parlons de «déjouer les manoeuvres de l'employeur visant une hausse de la productivité sur le dos des travailleurs», de «limiter les droits de gérance et l'arbitraire patronal». Concrètement, nous exigeons des descriptions de fonction, des plans de classification, des affectations de tâche, des normes d'affichage. Certains iraient jusqu'à faire afficher chaque chaise pour s'opposer ensuite à toute mobilité!

Les syndicats du privé ont dû agir ainsi pour protéger les travailleurs. Depuis quelques années, ils font marche arrière et réclament l'enrichissement des tâches. Dans plusieurs industries, ils veulent que chacun participe le plus possible au cycle complet, ce qui augmente la satisfaction et l'efficacité. Dans le secteur universitaire, nous avons poussé dans le sens du resserrement et de la sur-spécification, particulièrement pour le personnel de bureau. Au SEUQAM, nous avons 61 descriptions de fonction pour le bureau, dont 39 de commis. À l'Université de Montréal, c'est 127 descriptions, dont 105 de commis. Cette logique mènerait à parcelliser encore plus le travail.

Les normes strictes, établies à l'origine pour assurer un traitement équitable à tous, deviennent absurdes lorsqu'elles ne s'accompagnent pas de bons sens. Que l'on engage automatiquement une deuxième secrétaire lorsque le nombre d'étudiants atteint 500 n'est pas la bonne solution. Il faudrait plutôt se demander si avec 450 étudiants la secrétaire est surchargée compte tenu du programme, ou si avec 525 elle s'en sort facilement. Par crainte de l'arbitraire, nous nous en tenons à des critères quantitatifs et rejetons tout critère d'ordre qualitatif. L'application stricte de la règle de l'ancienneté mène parfois à des situations aberrantes: des personnes démotivées se trouvent responsables d'équipes de travail, d'autres s'insèrent dans des projets en cours sans avoir nécessairement envie de les mener à terme. Les moins expérimentés, les moins payés ont parfois les tâches les plus ardues. Le critère de l'ancienneté demanderait des ajustements, sans compter que ce critère pénalise tout ceux qui perdent leur emploi.

Les syndicats s'opposent généralement à tout changement dans le travail. À l'heure actuelle, ils rejettent globalement la bureautique: «Une machine de traitement de texte qui rentre, c'est une secrétaire qui sort.» Vu sous cet angle, il n'est pas question de déterminer les conditions qui rendraient le phénomène acceptable (assurer une formation permettant de reprogrammer l'appareil, assurer le recyclage des personnes déplacées, partager le travail et le temps libre). Analyser le genre de société qui résultera d'une informatisation massive ne fait pas non plus partie des préoccupations syndicales.

Nous avons dépassé l'efficacité maximale de la stratégie de la chaise et elle s'est retournée contre nous: rares sont ceux qui trouvent une véritable satisfaction dans leur travail, la charge globale de travail est inéquitablement répartie, la population ridiculise la mentalité du fonctionnaire.

La satisfaction au travail est faible partout. Il est très rare qu'on ne tourne pas en rond dans un emploi après quelques années. Beaucoup de syndiqués aspirent à échapper à l'ennui, à accomplir des tâches variées et intéressantes, à prendre des responsabilités et à relever des défis. «Je ne veux pas m'en tenir à ma description de fonction, j'ai le goût d'apprendre et de solutionner des problèmes, je veux trouver une valorisation dans mon travail.» Les syndicats ne tiennent pas compte de ces aspirations. Heureusement, les gens dynamiques arrivent à faire des choses intéressantes partout où ils passent.

Des syndiqués se sentent à l'étroit dans leur description de fonction. Au contraire, d'autres se servent de la convention collective pour en faire le moins possible. Quand nous avons donné comme mot d'ordre à nos membres de travailler 20% de moins à la suite des coupures de salaire, certains ont blagué: «Un tel ne pourra y arriver, il ne travaille pas 20% du temps». Beaucoup de tâches sont aliénantes, mais certains syndiqués ne semblent pas intéressés à vouloir autre chose. Des équipes s'installent dans la routine: plus la moindre réflexion, toujours les mêmes gestes dans le même environnement. Certaines personnes en viennent même à craindre de devoir déménager dans un autre pavillon situé quelques rues plus loin.

La mentalité de fonctionnaire consiste aussi à étirer au maximum les avantages sociaux. Les journées de maladie, les congés pour cause de décès ou de déménagement avaient leur spécificité. Tout a été confondu: «Il me reste quatre jours de maladie pour cette année, je vais les perdre si je ne les prends pas avant le 31 mai.» — «J'étais en congé de maladie (payé) le 24 juin, je n'ai pas eu mon congé.» — «Ma grand'mère se fait enterrer samedi, je vais perdre mon congé.» Nous nous sommes amusés, un soir de grande fatigue, à déterminer la journée et le degré de parenté les plus rentables pour un décès (du point de vue du nombre de jours de congé). Tant qu'à voir mourir un être cher, aussi bien maximiser la durée du congé! Il vaudrait mieux accorder à tous un certain nombre de jours flottants qu'ils puissent utiliser quand bon leur semble.

Le travail est inéquitablement réparti et assumé. Dans certains programmes universitaires, la clientèle a diminué de moitié, alors que le personnel de bureau est resté le même. Pendant ce temps, la clientèle a augmenté considérablement dans d'autres secteurs; les employés y sont surchargés. Certains ont des postes de tout repos, certains s'ennuient. D'autres travaillent sans arrêt, subissent les plaintes de la clientèle, tentent même de compenser pour le peu d'empressement des autres. Pour contrer les effets négatifs de la stratégie de la chaise, il aurait fallu insister sur l'entraide, d'autant plus que l'individualisme est privilégié comme modèle de comportement. Mais nous ne l'avons pas fait. Le coude à coude, le travail d'équipe, la réaction commune contre une directive absurde, autant d'expériences de solidarité au quotidien que la stratégie de «chacun sa chaise» contredit.

Et que dire de ces professeurs d'université qui disparaissent durant les quatre mois d'été ou qui consacrent le meilleur de leurs énergies à leurs consultations privées ou à des rivalités de clocher, de ces professionnels qui font assumer par leurs collègues une bonne partie de leur charge de travail? Contrairement aux secrétaires, ils ne sont pas obligés de rester assis derrière leur bureau, ils ont un bien plus gros salaire et beaucoup plus de latitude dans l'organisation de leur travail.

Les syndicats s'opposent à tout processus d'évaluation parce que l'employeur pourrait s'en servir contre les dissidents idéologiques, les militants syndicaux ou ceux qui sont en conflit avec leur supérieur. Les craintes des syndicats sont fondées. Il n'en reste pas moins qu'il faut éviter que ne se développent des comportements de parasite. Des équipes de syndiqués n'ont pas à être pénalisées à cause de la démotivation ou de l'inefficacité chroniques de certains, encore moins à tolérer que le chef de groupe soit le parasite de l'équipe. Des groupes de chercheurs n'ont pas à accepter que l'un d'entre eux ne trouve jamais rien. «C'est un syndiqué», comme si la solidarité syndicale devait se transformer en complaisance. Parce qu'ils n'ont pas amené leurs membres à réfléchir sur les abus à répétition, les syndicats ne peuvent plus faire croire à la population que des coupures de postes entraînent automatiquement des baisses de services. Les comportements d'une minorité ont terni l'image de la majorité qui fait son travail.

B- L'augmentation du pouvoir de consommation

Limiter les dégâts de l'exploitation signifie également améliorer le pouvoir d'achat. Le syndicalisme est très critique à l'égard de la société capitaliste au point de vue de la production des biens (le travail aliénant). Il ne l'est pas du tout vis-à-vis de la consommation des biens (les achats aliénants). Les deux vont pourtant ensemble: il faut consommer ce qui est produit. La roue de la consommation individuelle doit tourner pour que le système fonctionne et pour que les emplois subsistent dans les pays industrialisés. Et tant pis pour le tiers monde... Pourtant, la mentalité de consommation est l'antithèse de la solidarité, de l'engagement, de la définition même du syndicalisme.

Tout le monde a besoin de bien se nourrir, d'avoir une maison confortable et des loisirs, de s'évader à la mer ou à la campagne. Et beaucoup de biens produits en série rendent la vie plus facile. Mais notre société de consommation qualifie aussi de besoins ce qui n'a rien à voir avec des besoins réels. Personne n'a besoin d'un chalet personnel, d'un voilier, d'une serre, d'une piscine, d'un micro-ordinateur. Il s'agit là de désirs, de goûts, d'attraits déterminés en grande partie par le milieu social.

Nos armoires sont pleines d'objets qui ne servent jamais: couscoussiers, yaourtières, woks, ensembles à fondue, machines à fabriquer des pâtes, couteaux électriques, extracteurs à jus... Nous sommes à l'étroit dans nos cuisines, entre nos fours à micro-ondes et nos robots culinaires. Nos garderobes sont encombrées de vêtements que nous ne porterons plus jamais, la mode ayant changé. Nos salons sont toujours trop petits pour contenir nos causeuses, nos tables d'appoint, nos lampes, nos bibelots, nos étagères. Les uns accumulent les disques, d'autres les blouses ou les verres à pied. Dans nos sous-sols, dans nos hangars, dans nos garages, nous entassons ce dont nous ne voulons plus.

Nous avons toujours un projet de consommation en tête: une rénovation, des armoires de cuisine plus modernes, un foyer, un patio, un puits de lumière, un solarium, une roulotte, un lit en laiton, une table en verre, un nouvel équipement de ski, un manteau de fourrure. Il faut se dépêcher, c'est en solde, c'est nouveau; les costumes de bain sortent en février et il n'y aura plus de manteaux d'hiver en novembre. Les modes surgissent, elles passent: les meubles québécois, les poêles à combustion lente, les serres, les fenêtres en bois, les jeux électroniques, les micro-ordinateurs, les enregistreurs vidéo, sans compter les rideaux en dentelle ou les walk-man. Faire un jardin potager, des conserves, de l'artisanat, du conditionnement physique est à la mode, il faut aussitôt se procurer les accessoires «indispensables» pour avoir les mêmes choses que les autres. La consommation des biens s'accompagne de la consommation des services: les thérapies, les cours, la médecine, la chirurgie plastique, les voyages organisés, le sport professionnel...

Nous consommons machinalement. Chaque fois, nous sommes convaincus d'y trouver de grandes satisfactions. Mais cela ne dure généralement pas longtemps: une fois consommés, les biens ne nous intéressent plus. La consommation produit autant une frustration (de ce que nous n'avons pas ou de ce qui ne fonctionne pas comme prévu) qu'un plaisir de ce que nous avons.

C'est le système capitaliste et non pas le syndicalisme qui a produit la mentalité de consommation individuelle. Mais le syndicalisme reste muet sur les alternatives possibles. Dans un atelier syndical où je proposais des modifications à notre mode de vie (achat d'une souffleuse en commun, à deux voisins par exemple, temps partagé pour les chalets, corvée d'entraide pour des petites rénovations, loisirs gratuits, utilisation des équipements communautaires), je me suis fait répondre: «Tu veux rire ou quoi? Vas-tu nous parler de partager nos conjoints?»

Chacun pourrait acheter moins de «bébelles», la collectivité pourrait investir davantage dans le logement, le transport, l'aménagement des espaces récréatifs, la préservation des lieux historiques… La qualité de vie individuelle en serait améliorée, c'est cela la social-démocratie. Même en système capitaliste, il est possible d'aller dans ce sens: des villes américaines, qui n'ont pas Jean Drapeau comme maire, l'ont fait. Le syndicalisme ne se préoccupe que du niveau de vie individuel des syndiqués.

Plusieurs de nos membres sont pourtant prêts à gagner moins d'argent pour disposer de plus de temps libre. Ils sont fatigués de courir à longueur d'année. Ils veulent la semaine de quatre jours, des horaires flexibles, le temps partiel ou un poste intermittent (travailler 8 ou 10 mois par année). Certains militants refusent d'analyser à quelles conditions cela pourrait être acceptable, à quelles conditions les postes à temps plein seraient protégés pour ceux qui le désirent. «La réduction du temps de travail sur une base volontaire, c'est dangereux. Si des membres veulent cela, nous devons les éduquer.» Les centrales ne sont pas mieux. Un permanent syndical voulait partager son emploi avec une collègue, ce qui aurait créé un poste tout en permettant à chacun des deux d'avoir une vie plus humaine. On le leur refusa, sous prétexte que ce serait trop compliqué à gérer.

Sur cette question comme sur d'autres, notre rigidité entraîne l'arbitraire que nous redoutons tant. Des syndiqués négocient avec un supérieur ouvert des aménagements d'horaire. Certains les obtiennent en échange d'une promesse implicite de ne jamais s'opposer à leur patron. Les autres sont astreints au 9 à 5.

LÉGALISME ET COMPORTEMENTS BUREAUCRATIQUES

Pour se défendre contre la machine patronale, le mouvement syndical a construit une machine aussi lourde et aussi complexe. Il s'agit de prévoir dans la convention collective jusqu'à la moindre respiration et d'utiliser abondamment le juridique (griefs et arbitrages) pour régler les problèmes de relations de travail. Les diverses instances se bureaucratisent, le fonctionnement se rigidifie, les militants adoptent la mentalité du fonctionnaire. Plus d'enthousiasmes, d'idées originales, d'innovations ou d'expérimentations, le syndicalisme est devenu une institution. Le mouvement collectif est disparu: il ne reste que l'appareil bureaucratique. C'est, entre autres, une conséquence du fait que des exécutifs se présentent sans plan d'action dynamique: ils n'ont rien d'autre à faire que d'entretenir la machine.

Pourtant, un texte de convention collective ne pourra jamais assurer la qualité des rapports humains, la dignité des travailleurs, une organisation de travail satisfaisante. L'approche juridique fait traîner les problèmes et leur règlement ne rend pas toujours justice aux syndiqués, loin de là. Quand de nouveaux problèmes apparaissent, il faut attendre la prochaine ronde de négociations pour les aborder. Il est alors trop tard pour espérer que le bon sens l'emporte, les parties ayant eu tout le temps de remâcher la chose et de faire une montagne d'un petit accident de terrain. Il faudrait démanteler les deux machines et reconstruire autre chose de plus efficace et de plus humain.

A- Un pas en avant, un pas en arrière

Les instances syndicales sont devenues de lourds rouages administratifs. Nos réunions sont semblables à des conseils d'administration. Nous y adoptons machinalement des montagnes de propositions pour faire marcher la machine. Rarement mettons-nous à l'ordre du jour des points de bilan et de prospective. Lire les procès-verbaux des réunions d'un syndicat de 1970 à 1984 donne l'impression que le temps s'est arrêté. Année après année, les mêmes problèmes sont discutés (les membres n'assistent pas aux assemblées générales ni les délégués au conseil syndical par exemple) et les mêmes solutions sont proposées (mobiliser les membres, faire suivre des cours aux délégués). Personne ne semble se rendre compte que reprendre inlassablement les mêmes vieilles recettes ne peut conduire qu'à obtenir les mêmes résultats insatisfaisants.

Par contre, les décisions qui ont la moindre incidence politique ou idéologique exigent un temps fou, si jamais elles sont prises. Personne ne veut décider, personne ne veut que d'autres décident. On préfère former un comité ad hoc ou reporter le point de réunion en réunion, jusqu'à ce qu'il soit trop tard pour se prononcer.

Tout est rigidifié, il n'y a plus moyen de rien modifier: procédures, statuts et scénarios sont immuables. Au SEUQAM, notre conseil syndical et notre comité de griefs sont des institutions dont il serait sacrilège de remettre en question le fonctionnement. Pourtant, d'autres sections locales se sont donné un fonctionnement différent (qu'elles ne remettront jamais en question elles non plus). Autre exemple: nous n'arrivons pas à rendre moins lourd le processus d'adoption des textes de l'avant-projet de convention collective. Nous nous entêtons à voter les articles un à un en conseil syndical. C'est une perte de temps, l'exécutif et le comité de négociation ont déjà passé des centaines d'heures à les étudier et l'assemblée générale les adoptera elle aussi un par un. Les membres du conseil répéteront alors les interventions qu'ils ont faites quelques jours auparavant. La tradition est là, il faut la respecter. «Ça s'est toujours fait comme cela.»

Nous obtenons la quasi-unanimité quand il s'agit de rejeter toute idée nouvelle. «Ça ne va pas dans le sens de nos luttes du passé.»— «Ce serait renier nos acquis.» — «C'est dangereux.» — «Ça ne s'est jamais fait.» — «C'est impossible.» — «Rappelez-vous, on l'a essayé en 1975 et ça n'a pas marché.» — «Es-tu fou?» — «T'es pas sérieux, t'es quand même pas sérieux?» — «Tu t'en viens avec des idées bizarres, ma petite fille.» Comme entrave à la réflexion et à la créativité, on ne peut trouver mieux que ce choeur d'objections qui s'élève à la moindre occasion. Maintenant, dès qu'un petit nouveau y va d'une suggestion originale, je me répète intérieurement: «C'est renier nos acquis.» — «Ça ne s'est jamais fait comme ça.» — «Ça ne marchera peut-être pas, donc on ne l'essaiera pas.» C'est exactement ce qu'on lui répondra dès qu'il aura fini de parler. Nous ne nous demandons pas si en allant toujours dans le même sens nous sommes encore dans la bonne direction.

Les assemblées générales sont organisées selon un scénario qui ne convient bien qu'aux militants et aux membres très intéressés (souvent d'anciens militants). Les ordres du jour se suivent et se ressemblent. L'obligation de discuter d'une proposition précise ne favorise pas la souplesse requise pour aborder les questions complexes, ni la créativité pour découvrir des démarches nouvelles. Le code de procédure est beaucoup trop sophistiqué: amendement, sous-amendement, scission d'une proposition, motion de dépôt ou de reconsidération, motion privilégiée, question préalable, point d'ordre, question de privilège, suspension du règlement... Nous avons décidé une fois pour toutes que les assemblées délibérantes représentent le summum de la démocratie et la seule façon de rassembler les membres, et tant pis pour ceux qui sont mal à l'aise devant un micro.

Durant un congrès, nous étions réunis en ateliers afin de chercher des moyens pour sortir de la crise. Dans mon groupe, toutes les propositions étaient rejetées au fur et à mesure qu'elles étaient émises. C'était un réflexe, nous éliminions. Quand je l'ai fait remarquer, des militants ont dit: «C'est bien vrai, on est donc rendus censureux.» Nous avions pourtant affirmé quelques heures auparavant que nous étions coupés des membres, que la situation était dramatique pour nos syndiqués mis à pied, que nous ne voulions pas sortir de ce congrès les mains vides.

C'est ainsi dans presque toutes les instances syndicales. Nos congrès ressemblent étrangement à ceux des associations patronales et des partis politiques. Ils se déroulent dans les grands hôtels; les congressistes ont un air de congressiste (à mi-chemin entre celui des vacanciers et celui des hommes d'affaires, chacun a un macaron d'identification et transporte une petite serviette à documents); les ateliers sont souvent des pertes de temps; les repas sont les mêmes, ainsi que les rencontres aux bars et les conciliabules dans les chambres (un verre à la main)... Pour nous comme pour tout le monde, les congrès ne sont qu'un prétexte: soit pour sortir de chez soi, soit pour revoir de vieilles connaissances, soit pour passer une semaine dans les grands hôtels sans avoir à payer. Nous y déléguons des milliers de personnes, car chaque syndicat exprime ses votes par ses délégués présents et non par son nombre de membres. Nos congrès ne sont surtout pas des moments d'arrêt pour brasser des idées; nous avons tellement censurées celles-ci qu'il n'en vient plus.

B- Le comportement dit «du sénateur»

Dans un tel environnement, le comportement dit «du sénateur» se développe chez les militants. L'ancienneté en tant que militant syndical entraîne souvent des comportements de plus en plus sclérosés. Même ceux qui sont actifs dans d'autres circonstances ont tendance à entrer dans le rôle de sénateur quand ils voient tout le monde le jouer autour d'eux. Les sénateurs s'assoient, siègent, critiquent, statuent, se réservant le droit de vérifier si on a donné suite. Le «on», c'est nécessairement le président ou un membre de l'exécutif.

Les membres d'un sénat ne se demandent pas ce qu'ils pourraient faire en tant que groupe pour améliorer une situation. Ils se soucient peu de savoir si les résolutions qu'ils votent sont applicables. Ils se préoccupent encore moins des surcharges de travail que leurs votes peuvent occasionner. Au SEUQAM, il arrivait que le conseil décide d'envoyer un document important à chaque syndiqué personnellement parce qu'en plusieurs endroits il n'y avait pas de délégué pour distribuer l'information. Nous aurions pu nous attaquer au problème du manque de délégués, mais nous options plutôt pour l'envoi personnel. Les secrétaires du syndicat, qui sont toujours débordées de travail, en étaient enterrées.

Il faut user de stratégies pour que les «sénateurs» mettent la main à la pâte. Par exemple, convoquer des conseils syndicaux spéciaux sans en annoncer le contenu, et lorsque les gens arrivent, leur apprendre que nous préparons l'envoi tous ensemble. Chez nous, certains maugréaient: «C'est pour cela qu'on nous a fait déplacer?» D'autres trouvaient la farce bien drôle. Durant une heure, les uns mettaient les feuilles dans les enveloppes alors que les autres y inscrivaient les adresses. Ces séances étaient très productives. Tous semblaient comprendre le message, ce qui n'empêchait pas de prendre d'autres votes du même genre.

Le syndrome du sénateur déshumanise les militants. Ils décident au nom de principes soi-disant syndicaux, sans tenir compte des facteurs humains; ils ne sauront pas comment les personnes concernées auront réagi, car c'est le rôle du président de transmettre les mauvaises nouvelles. Ils ne sont pas chaleureux entre eux, ils ne se donnent que très rarement la peine de féliciter pour le travail bien fait; ils ne sanctionnent pas le travail mal fait non plus. N'importe qui peut être élu à n'importe quel comité, sans égard aux capacités. Pourvu que la machine fonctionne, peu importe l'efficacité réelle, la continuité véritable ou l'évolution vers une solution.

C- La convention collective et sa négociation

Théoriquement, la convention collective devrait expliquer les droits des salariés — et donc les limites des droits de gérance de l'employeur — dans un langage compréhensible pour tout le monde. Mais ce n'est pas le cas. Comme les conventions sont négociées de part et d'autre par des spécialistes, des technocrates, des avocats, le langage devient hermétique. À chaque nouvelle ronde, les deux parties se protègent des coups fourrés de l'autre en ajoutant dans le texte des précisions et des clarifications. En bout de ligne, ce n'est pas l'esprit qui compte, mais la formulation, la virgule, l'absence de vide juridique. Presque tous les cas particuliers finissent par être inclus.

On arrive donc à la situation absurde où les syndiqués et même les délégués ne peuvent pas comprendre la convention collective, et partant leurs salaires et leurs droits. Il leur faut passer par le comité de griefs, le président ou les permanents de la centrale pour se la faire interpréter. Des experts leur disent si les textes proposés par l'employeur sont pourris ou acceptables. Cette situation ne dépend pas que des syndicats, car la partie patronale fait sa large part, sauf que les syndicats devraient se préoccuper des membres. Tout effort en vue de simplifier de quelque façon les textes ou d'enlever les éléments inutiles est voué à l'échec parce que la réaction universelle est: «Touchons à rien, ça pourrait être dangereux.» Que de mots perdus à discuter d'un comité de stationnement fantôme qui ne s'est pas réuni depuis des années et qu'il faut quand même maintenir dans les textes de convention parce qu'il y est déjà! D'autant que c'était un des derniers points en litige et que notre comité de négociation était divisé sur cette importante question!

Au SEUQAM, notre convention comprend plus de 200 pages, 52 articles, des sous-articles et des sous-sous-articles (article 44.12-b-2), 24 annexes, 7 lettres d'entente sans compter celles qui ne sont pas incluses dans la convention. Tout cela en petits caractères. Même les clauses salariales sont incompréhensibles:

60

44.09 Taux de redressement

d) Période du 1er juin 1982 au 30 novembre 1982
Chaque taux de salaire en vigueur le 31 mai 1982
est majoré, le 1er juin 1982, d'un pourcentage dont
la valeur est égale à la somme de la différence
entre le pourcentage d'accroissement de l'IPC (la
méthode de calcul est décrite à l'annexe 2) au cours
de la période du 1er juillet 1981 au 30 juin 1982
et 3,5%, avec garantie minimale de 5% et de 1,75%
consenti à titre de protection de base contre l'accroissement des prix au cours de la période du 1er
juillet 1982 au 31 décembre 1982.

Chaque taux de salaire est également augmenté,
le 1er juin 1982, de l'un des montants suivants
établi selon l'hypothèse applicable d'accroissement de l'IPC (la méthode de calcul de l'accroissement de l'IPC pour cette période est décrite à
l'annexe 3), exprimé en pourcentage, au cours de
la période du 1er juillet 1979 au 30 juin 1981.

La négociation, notre activité principale, tient du rituel
religieux. Il s'agit d'abord de demander à chaque comité
d'identifier les lacunes de la présente convention, de repérer
les vides juridiques, de récrire les textes et ensuite de consulter
les membres. Le moment arrive enfin de négocier avec les
employeurs les clauses sectorielles, les clauses réseau et les
clauses locales à des tables distinctes. Les négociations achoppent inévitablement; il faut dénoncer les offres patronales,
mobiliser les membres et aller en grève. Entre temps, les
concertations et les engueulades se poursuivent entre syndicats. Nous signons finalement une nouvelle convention collective. Nous évaluons tout le processus, nous procédons à
l'étude des textes pour préparer la prochaine négociation et la
ronde infernale recommence.

Au SEUQAM, le renouvellement de la convention a pris
plus de deux ans et quatre présidents. Chacun des cinq membres de notre comité de négociation y a consacré environ 700

heures. Pour chaque heure de négociation avec l'employeur, il y a eu environ cinq heures de discussions entre syndicats.

Malheureusement (ou heureusement selon le point de vue), les négociations intéressent relativement peu les membres. Quand vient le temps de préparer le projet de convention collective, ils répondent au questionnaire sur les demandes mais ils ne se présentent pas en grand nombre pour adopter les textes et les protocoles de négociation en front commun. Tout au long de la négociation, ils veulent être informés des développements importants mais pas des détails. Ils se désintéressent à la longue: «Cout'donc, la convention collective est-tu signée?»

Comme ils n'ont pas assimilé le processus de prise de décision en front commun, ils sont surpris de constater qu'une demande locale a été abandonnée; ils sont offusqués de réaliser que nos négociateurs doivent défendre des positions sans les partager. Ils s'imaginent que les membres de notre comité de négociation peuvent argumenter avec l'employeur, lui demander des explications ou lui en fournir, alors que seul le porte-parole syndical (un permanent professionnel) peut discuter avec le porte-parole patronal, tous les autres étant de simples spectateurs. Comme les aspects légaux ou très techniques dépassent les membres, ils ne saisissent pas toujours en quoi la modification d'un bout de texte pourrait avoir un impact sur leurs conditions de travail. Plusieurs des enjeux identifiés par les militants les laissent indifférents.

La négociation en front commun doit donner une plus grande force aux syndicats; mais les fronts communs pour le renouvellement de conventions collectives sont également facteurs de lourdeurs et de tensions épouvantables. Les problèmes existant dans chaque milieu de travail sont additionnés et rendent la négociation quasi insoluble. La période de négociation est devenue pour beaucoup un cauchemar, une histoire de fous, une absurdité.

D- Les griefs: légalité ou justice?

La convention collective signée, il faut empêcher l'employeur de la violer. Mais là aussi la bureaucratie et le légalisme étouffent le bon sens. Les facteurs humains sont souvent laissés pour compte. Trop de spécialistes des griefs jouent aux super-avocats et mystifient tout le monde par leur vocabulaire technique et leurs considérations stratégiques. Ils ne font pas d'efforts réels pour expliquer la situation aux syndiqués concernés et pour les associer au processus. Les longs délais pour l'arbitrage (possiblement des années) n'aident pas les personnes concernées à avoir prise sur la démarche. Les syndiqués finissent soit par imaginer que le grief est la solution à tous les maux, soit par développer beaucoup d'appréhension face à cette procédure. C'est compliqué, mais pour qu'une personne comprenne ce qui se passe dans son cas, il n'est pas nécessaire qu'elle maîtrise toute la convention et toutes les procédures de grief et d'arbitrage.

Le grief est efficace pour obtenir gain de cause en cas d'accrocs techniques à la convention collective: primes, heures supplémentaires, vacances… Mais les véritables injustices ne sont pas de cet ordre. Elles sont le plus souvent subies par des personnes qui ont un engagement bien au-delà de la moyenne dans leur travail et qui sont critiques et agissantes. Une institution peut tolérer indéfiniment l'inefficacité, l'incompétence, l'irresponsabilité. Elle ne peut tolérer d'être activement contestée dans sa hiérarchie, ses orientations et son image. Les personnes qui dénoncent les irrégularités, qui font ressortir les incohérences institutionnelles, qui se battent pour des changements, verront leur poste aboli et seront mutées. L'institution le fera d'autant plus facilement qu'elles sont peu nombreuses à agir ainsi et leur syndicat n'y pourra rien. «C'est malheureux ce qui t'arrive, mais les textes sont faibles.»

Les textes de convention deviennent de plus en plus complexes, soi-disant pour éviter que les syndiqués ne soient lésés dans leurs droits. Cela ne s'applique pas pour ceux qui ont eu maille à partir avec le pouvoir. Leurs problèmes sont de nature politique, il faudrait une riposte politique, il faudrait faire connaître la situation, ralentir le travail, arrêter la machine. Tout en ayant un discours très politique lors des négociations, les syndicats se contentent d'utiliser des mécanismes bureaucratiques et légalistes en d'autres temps. De toute façon, ils ne sauraient entraîner leurs membres, ceux-ci étant habitués à remettre individuellement leurs problèmes entre les mains de spécialistes. Comment pourraient-ils comprendre que, dans certaines circonstances, le groupe doit s'engager activement pour qu'une personne obtienne justice?

LES DURES LUTTES... ENTRE NOUS

Le syndicalisme entreprend constamment de dures luttes avec l'univers entier: les cadres, les employeurs, les gouvernements... Il faut se méfier, ne pas laisser de porte ouverte, négocier âprement. À la longue, cette attitude détériore les caractères. Le syndicalisme ne contribue pas au développement affectif des hommes et des femmes qui y passent une partie de leur existence.

Le milieu syndical est bourré de conflits, les coups bas y sont fréquents. Les milieux de gauche au Québec en souffrent tous: sectarisme, idéologisation excessive, injures, neutralisation... Nous redoutons beaucoup les tactiques patronales pour nous diviser; or elles ne sont pas nécessaires car nous y arrivons très bien seuls. Je ne m'attendais pas à l'harmonie parfaite, mais j'ai trouvé le milieu syndical plus dur que je ne l'avais imaginé.

A- Perdre le sourire

Quand j'étais petite, on nous racontait qu'il y avait en enfer une grosse pendule dont le balancier oscillait entre toujours et jamais: toujours souffrir, jamais sortir. C'est aussi la devise du militantisme traditionnel. Le plaisir dans l'action n'y est pas considéré comme un élément important mais, au contraire, il y est plutôt mal vu. Pour être un bon militant, il faut en arracher, passer à travers d'interminables réunions et d'épouvantables tensions, régler des conventions collectives à quatre heures du matin. Quand certains ont visiblement du plaisir à expérimenter des choses ensemble, d'autres en deviennent hargneux; ils s'empêchent de ressentir amitié, admiration ou tout sentiment chaleureux quand ils endossent leur manteau de militant.

Il semble cependant que nous trouvions de moins en moins de personnes qui veulent souffrir en militant, encore moins qui acceptent de le faire durant leurs moments de loisir.

Sommes-nous rendus au point où il ne peut plus être question de bénévolat dans le mouvement syndical? Nous devons réfléchir durant ce congrès sur le militantisme qui se pratique actuellement. (…) Les vrais militants et militantes font du syndicalisme par conviction, non parce qu'ils ou elles sont libéré(e)s de leur travail avec solde.[7]

J'ai souvent eu froid dans le dos en observant des militants arriver à une réunion syndicale: visage fermé, pas le moindre sourire, tout le poids du monde sur leurs épaules. J'ai observé tellement de militants qui étaient tendus, agressifs, tranchants, voire humiliants, que j'ai fini par croire que le militantisme souriant et chaleureux était chose rare.

Nous avons perdu le sens de la fête, du joyeux rassemblement revendicateur, du moment d'arrêt pour célébrer un événement ou un gain. Mon syndicat a obtenu la création d'une soixantaine de postes réguliers en période de compressions budgétaires. Les tableaux d'affichage débordaient, ce qui ne s'était pas vu depuis longtemps. Il y a pourtant eu des militants pour ne pas manifester la moindre satisfaction: ça ne se fait pas d'être content. Et que dire de la Grande Marche pour l'emploi? En cette occasion idéale de fête collective, il n'y avait rien pour nous faire vibrer, nous faire chanter ou communiquer. Des milliers de personnes sont rassemblées et nous n'arrivons même pas à utiliser la dynamique de la foule.

---

[7] Extrait d'un discours prononcé au congrès 1983 du SCFP-Québec par un dirigeant syndical.

Significativement, il n'y a que très peu de farces syndicales. Il y aurait pourtant nombre d'histoires drôles à inventer et à raconter sur nos travers, nos manies, notre jargon. Les auteurs de la pièce «La déprime» en ont trouvé d'excellentes et ceux qui y ont assisté s'en rappelleront. C'est un signe de santé que d'arriver à rire de son propre rôle.

B- Se méfier les uns des autres

Nous poursuivons nos dures luttes à l'intérieur même des syndicats et le pire se joue entre nous. Des différences de conviction deviennent des conflits aigus et les débats se transforment en chicanes. Dans plusieurs syndicats, il se dépense beaucoup plus d'énergie dans les conflits internes que dans les rapports avec l'employeur. Les guerres entre camarades militants risquent de devenir de plus en plus effrayantes car nous avons surdéveloppé nos réflexes d'attaque, mais les causes se font rares et les troupes ne suivent pas. Certains combats ne sont plus à faire, ils ont été gagnés depuis longtemps. Les gouvernements sont intraitables et la crise économique rend la plupart de nos revendications traditionnelles indéfendables. Il y a en outre la «vraie droite» qui se renforce à même nos excès.

Nous faisons du soupçon notre mode de vie. Nous nous surveillons, nous complotons et nous nous dénonçons. En certains endroits, ce ne sont que tensions artificielles sur de faux problèmes, débats idéologiques constants et luttes de pouvoir. C'est un modèle très «viril», mais des femmes peuvent y exceller. La méfiance se trouve non seulement à l'intérieur des syndicats, mais entre syndicats et entre centrales. Il y a une contradiction énorme entre notre discours des grands jours (solidarité camarades, faire front commun, ensemble nous vaincrons) et nos actions dans le quotidien. Le constat est désolant: beaucoup de militants n'ont foi ni en la nature humaine, ni en leurs membres, ni en leurs compagnons de militantisme.

Nous ne pouvons faire confiance à untel car il a déjà postulé un emploi de cadre ou il a franchi une ligne de piquetage. Un autre a émis l'avis que dans un cas précis et pour des raisons très particulières il fallait passer outre à l'affichage: le voilà devenu antisyndical, «il a voulu violer notre convention collective» ou «il veut transformer notre syndicat en syndicat de boutique». Les injures pleuvent: «scab», «traître», «vendu». Elles blessent profondément les personnes visées. Par la suite, nous ne donnerons aucune chance à ceux que nous avons mis au banc des accusés, à tort ou à raison. Au contraire, nous les attendrons au tournant, cinq ans après s'il le faut.

Certains sont accusés d'avoir commis des erreurs, d'autres de ne pas avoir le bon style. Des militants efficaces qui veulent se concentrer sur les véritables problèmes plutôt que de faire flèche de tout bois à la moindre initiative de l'employeur se font traiter de mous ou de collaborateurs. Maintenir des lignes de piquetage par une approche d'animation vaut des félicitations; utiliser les mêmes méthodes pour rassembler les gens en d'autres circonstances est moins bien vu; ce serait réduire le syndicalisme à de la thérapie de groupe. Le modèle classique est bon, peu importent ses résultats; les autres sont mauvais, peu importent leurs résultats.

J'ai été témoin d'une bien triste affaire. Un conseiller syndical était en amour avec le syndicat (le SEUQAM) auquel il était affecté. Il se décourageait parfois, mais il y restait profondément attaché. Il y faisait un excellent travail et il y était très apprécié à cause de son calme, de ses compétences techniques, de son approche humaine. Il était si bon en arbitrage que les gens auraient acheté des billets pour y assister. Les dirigeants de la centrale ont décidé de le muter parce qu'il avait critiqué certaines de leurs décisions, il a choisi de ne pas contester sa mutation. Il n'a jamais pu s'habituer à sa nouvelle affectation et, presque faute de mieux, il a accepté un poste de cadre pour revenir à l'UQAM (n'ayant rien à voir avec les employés de soutien). Nous avons fait une grève de 24 heures en novembre 1982; il a refusé de franchir nos lignes de piquetage. Sommé de faire amende honorable, il a démissionné. Il est syndicaliste dans le sens le plus fort du terme; il est aussi un paria dans le monde syndical, après y avoir oeuvré pendant 10 ans: on ne lui pardonne pas d'avoir été cadre durant trois mois.

C- Surveiller les élus

Les dirigeants syndicaux élus (le président et les membres de l'exécutif) et les membres du comité de négociation sont encore plus surveillés que les autres. Ils pourraient faire des erreurs, se laisser corrompre, vendre le syndicat. Nous élisons une personne ou une équipe puis nous passons beaucoup de temps à les épier et à leur poser des questions pièges en assemblée, car nous doutons qu'ils puissent exercer leur pouvoir dans l'intérêt général. Les membres du comité de négociation seront à coup sûr accusés de ne pas avoir obtenu une bonne convention, peu importe le contenu réel de celle-ci. Ils ont négocié, ils ont donc fait des compromis et laissé tomber des demandes, ce qui est inacceptable pour certains militants.

Il existe quantité de gérants d'estrade. Selon eux, ils auraient toujours mieux défendu les intérêts des syndiqués que les élus. Ils se croient obligés de faire toutes les mises en garde possibles aux membres de l'exécutif, comme si ceux-ci étaient de parfaits imbéciles. Ils s'amusent ensuite à prendre la position contraire de celle que les élus défendent. Les gérants d'estrade ne présentent généralement pas leur candidature lors des élections, il n'est donc jamais possible de les voir à l'oeuvre. Certains militants peuvent jouer ce rôle pendant des années et paralyser leur syndicat tellement ils sont devenus habiles dans l'obstruction systématique et le terrorisme psychologique.

Des militants peuvent décider de boycotter des élus et de leur rendre la vie impossible, simplement parce que l'orientation syndicale de ceux-ci est différente de la leur. Ils ne se rallient pas au choix de la majorité de confier la direction du syndicat à telle personne, alors même qu'ils dénoncent avec la dernière des énergies les syndiqués qui ne se rallient pas à un vote de grève. Ils utilisent des stratégies qui visent autant à discréditer les dirigeants qu'à leur faire peur: le procès d'intention, les attaques aux réputations, la pétition, le noyautage d'une assemblée...

Le procès d'intention est abondamment utilisé. Point n'est besoin d'avoir dit ou fait quelque chose pour se faire reprocher de l'avoir pensé ou d'avoir voulu le faire. «L'exécutif s'apprête à ...» — «La présidente a dans la tête de ...»— «Le comité de négociation veut nous cacher des choses.» Les preuves ne sont pas nécessaires dans le procès d'intention. Plus un membre se tient loin de l'action syndicale, plus il est facile de jeter le doute dans son esprit.

Perturber une assemblée est un jeu d'enfant. Une ou deux personnes font quelques téléphones pour raconter qu'il se passe quelque chose de pas correct. Une dizaine de personnes finissent toujours par embarquer, c'est amplement suffisant. Il se crée des alliances temporaires contre-nature: de «vrais syndicalistes» avec des professionnels préoccupés d'intérêts corporatistes, l'extrême-gauche avec l'avocat de service toujours prêt à combattre pour les statuts et règlements. La bande se présente à la réunion bien préparée; un tel posera la première question, un autre interviendra sur telle dimension. Le procès a été tenu, les coupables ont été jugés coupables; on ne leur demande donc pas d'exposer leur version des faits. On se contente de glisser quelques insinuations: «Avec tout ce qu'on a appris...» — «Avec tout ce qui se passe ici...» Le temps que les élus comprennent le jeu, la réunion est terminée. De toute façon, plusieurs choisissent de ne pas se défendre, soit parce que cela demande trop d'énergie, soit parce qu'ils ne veulent pas jouer le même jeu ou qu'ils estiment que leur rôle est d'éviter tout conflit.

La pétition est une autre arme dont se servent les opposants officiels. Lorsqu'une décision leur déplaît ou qu'ils ont perdu un vote, ils font circuler une pétition pour qu'une autre instance se prononce: par exemple le conseil syndical si c'est l'exécutif qui a tranché, l'assemblée générale quand c'est le conseil qui a pris la décision. La pétition devrait être la manifestation d'un mécontentement réel des membres, elle devient un moyen de vengeance pour certains militants.

S'ajoutent les agressions continuelles et les humiliations publiques, les menaces et l'intimidation verbales: «Attends-toi à ce que je sorte ça à la prochaine réunion.»— «On réglera nos comptes avec le président après les négos.» Et la phrase fourre-tout qui n'a comme objectif que de faire perdre confiance: «Il y en a qui commencent à être insatisfaits.» Sans compter les messages non signés: «On les voit tes petits tours de passe-passe avec le Service du personnel.» Un dirigeant syndical, un militant comprend que son existence sera difficile dans les prochains jours, même s'il se sait irréprochable. Les enragés peuvent aller jusqu'à s'en prendre aux secrétaires du syndicat.

Ceux qui utilisent ces stratégies douteuses sont convaincus qu'ils le font pour le plus grand bien du syndicat; ils se donnent comme mission de surveiller les élus. Les oppositions officielles peuvent changer, il s'en constitue presque toujours une (généralement autour des mêmes personnes); c'est la dynamique même du modèle de la méfiance. Et les oppositions officielles n'ont de comptes à rendre à personne, puisqu'elles ne sont pas élues.

Ces stratégies ne sont efficaces que parce que les exécutifs veulent éviter de montrer qu'il se trame dans certains syndicats des manoeuvres malsaines. Les élus pourraient s'en sortir en ignorant les personnes qui sont là pour les attaquer et en ne tolérant pas les comportements inacceptables. À la limite, ils devraient partir plutôt que de camoufler les malaises, mais ils ne sont généralement pas prêts à admettre qu'il faut parfois un vide politique temporaire pour susciter des débats de fond. Par leur rôle, les élus sont poussés à maintenir le système tel qu'il est. D'ailleurs il ne faut pas se leurrer, des élus utilisent aussi des stratégies douteuses. Malheureusement, c'est l'une des seules façons de survivre.

Dans un climat où règne la méfiance, chacun finit par se surveiller lui-même. Pour ne pas encourir le risque d'un blâme, nous hésitons à prendre des décisions ou des initiatives. Nous expliquons tout dans le menu détail, nous demandons des approbations et des mandats. Nous faisons lire et relire nos textes, non seulement pour les améliorer mais surtout pour «nous couvrir», comme on dit dans le milieu. «Couvrons-nous en faisant prendre la décision par le conseil.» Au début, je me demandais pourquoi les gens avaient peur. Après trois mois, j'avais peur moi aussi. J'ai perdu beaucoup de confiance en moi. Je suis devenue allergique à l'expression «se couvrir».

Les militants qui ne se situent pas en plein centre du modèle approuvé de syndicalisme s'autocensurent. «Si je dis le fond de ma pensée, je vais me faire traiter d'antisyndical.» Les autres aussi font attention à ce qu'ils disent. La spontanéité disparaît, chacun pense toujours aux conséquences possibles, chacun devient stratège.

DU LEADERSHIP QUI N'EN EST PAS

Le syndicalisme compte beaucoup sur ses militants pour fonctionner. Aucune association ne peut se passer de leaders, de spécialistes, de volontaires, qui représentent une certaine stabilité et assurent une continuité. Le problème, c'est que beaucoup de militants n'exercent pas un leadership: ils font carrière, ils font croisade. Plusieurs se gargarisent de mots et de votes remportés. Mais les positions ont été prises par une petite minorité. Durant une grève dans le secteur universitaire, des militants parlaient de «mobilisation active», d'«implication montante des membres». Ils n'ont jamais révélé le nombre de piqueteurs.

Beaucoup de militants pensent qu'exercer un leadership signifie prendre toute la place. En trois ans, sauf pour les votes de grève, j'ai rarement vu un syndiqué ordinaire intervenir au micro. Seuls des militants parlent, ils ont quelque chose à dire sur tout. Ils argumentent entre eux et rendent les débats difficiles à suivre par les membres. Les interventions manquent d'âme, même quand elles se veulent enflammées; nous aurions envie de dire «Priez pour nous» et de passer à autre chose. Plusieurs s'écoutent parler, sans se préoccuper des réactions. On entend dans la salle: «Encore elle» — «Encore lui» — «De quoi ils parlent?» — «C'est encore du niaisage.» Les membres sont devenus sursaturés, ils se sont bouché les oreilles. Pour nous faire entendre, nous montons le ton. Il n'y a rien de pire: les enseignants devant leur classe savent que crier de plus en plus fort ne mène qu'à l'extinction de voix.

Dans les congrès, c'est à qui, président de centrale, vice-président, directeur — presque tous des hommes — impressionnerait le plus par son ton autoritaire et l'abondance de ses dénonciations. Ils tentent de compenser par la magie du discours ce qui a été perdu en réflexion et en action. D'abord calme, le ton enfle rapidement; un petit moment de répit et le discours repart de plus belle. Après quelques minutes, on n'y prête plus attention. À peine sursaute-t-on quand l'orateur lance un cri strident. Lorsque c'est fini, les gens se lèvent pour applaudir, mais c'est par réflexe de «bon militant syndical». Dans un congrès, nous avons eu droit à trois discours consécutifs de ce style. Puis une jeune femme s'est avancée pour nous parler d'un lock-out. Elle a choisi de raconter et d'expliquer, de prendre un ton calme et de faire un récit vivant. C'est la seule qui a réussi à nous émouvoir.

Dans les manifestations, on n'entend que discours «virils» et slogans vides de sens. Jean-Pierre, notre farceur, avait trouvé des variantes au slogan «Les boss, les boss, les hosties de boss». C'était devenu «Les trains, les trains, les hosties de trains» ou encore «Les trottoirs, les trottoirs, les hosties de trottoirs». Cela montrait le vide du discours. Je voulais intituler ce livre «Les trains, les hosties de trains», mais personne n'aurait compris.

Certains militants occupent également beaucoup de place dans les prises de décision. Plusieurs considèrent que le leadership syndical consiste à courir en avant pour forcer les membres à suivre. Ils ne se préoccupent pas de savoir si la majorité se reconnaît dans leurs options, ils foncent vers la gauche, dans ce qu'ils imaginent être la voie progressiste. L'idéologie syndicale l'emporte sur la volonté des syndiqués. Ils n'admettent pas qu'une décision prise par une assemblée de 500 personnes bien informées puisse avoir du bon sens, si elle ne correspond pas à leurs propres options. Quand la base n'a pas pris le parti de se retirer, elle résiste souvent. Dans certaines assemblées, les militants interviennent tous dans le même sens, les membres se taisent; quand le vote est pris, les militants sont battus à plate couture, les membres n'ayant été sensibles à aucun de leurs arguments.

La grève est une question très émotive pour beaucoup de militants: ils sont convaincus qu'il faut la faire. Ils entreprennent des campagnes de mobilisation. Ils s'imaginent pouvoir faire de la magie: la base n'était pas mobilisée hier, elle doit le devenir demain. La mobilisation est une fin en soi et non un moyen pour atteindre des objectifs: «Il faut mobiliser la base.» Elle est presque toujours synonyme de grève et leadership finit par signifier capacité de faire sortir le monde en grève.

De leur côté, les membres veulent le plus souvent éviter la grève. Les votes de grèves prennent alors l'allure d'un combat à finir entre les militants et les syndiqués: «Eux autres en avant veulent nous faire sortir en grève.» Certains militants ne perçoivent pas cette réalité. Au début de l'année 1983, plusieurs au SEUQAM affirmaient que la grève serait votée haut la main. «Qu'est-ce que l'exécutif attend pour faire voter la grève? Les filles au bureau, il faut que je les retienne, elles voudraient sortir demain matin.» Résultat du vote: 68% contre la grève. D'autres militants crient à la fin du monde dans de telles circonstances: «Je donne ma démission. Ils ne veulent pas se battre, c'est fini d'avoir une convention. On n'aura plus de convention, je ne pourrai plus les défendre.»

Quand les membres n'embarquent absolument pas, de deux choses l'une: ou les enjeux sont mineurs, ou ils ne peuvent être compris que par les spécialistes en relations de travail. Certains militants ne veulent admettre ni l'une ni l'autre de ces hypothèses. Au SEUQAM, nous n'arrêtions pas de clamer que les plans du secteur bureau étaient un enjeu central de la négociation, qu'il fallait les défendre avec la dernière des énergies. Les personnes du secteur bureau s'en préoccupaient fort peu, à tel point qu'il n'y avait jamais quorum aux réunions quand ce sujet était abordé. Jusqu'à la fin des négociations, nous avons multiplié les tracts et les interventions sur les fameux plans.

La prise de décision n'est pas seulement une affaire de fond, elle comporte également des procédures. Beaucoup de militants excellent en procédures, alors que les membres n'ont jamais pris la peine de les comprendre. Rien de mieux qu'un amendement ou deux pour que la salle ne sache plus sur quoi elle vote; un sous-amendement est encore pire. On entend alors: «Sur quoi on vote au juste?» — «C'est terminé? On a déjà tout voté?»

Dans leur syndicat, les militants radicaux ne peuvent pas toujours faire prévaloir leurs options. Dans les congrès, ils ont la voie libre. Les centrales ne font aucun effort pour envoyer les documents suffisamment à l'avance aux syndicats pour qu'ils consultent les syndiqués. Les syndicats n'ont pas l'habitude de le faire de toute façon. Quand, par exception, ils les ont consultés, certains militants n'en font pas moins à leur tête: «Deux cents membres qui se sont prononcés, ce n'est pas représentatif.» Or le quorum de l'assemblée générale n'est que de 50 personnes! Rien de surprenant à ce que les positions syndicales officielles ne reflètent pas celles des membres: les délégués inscrits parlent en leur nom propre, tout en déterminant les orientations des centrales. Les syndicats ont un discours «de gauche» non parce qu'ils ont réussi à conscientiser les syndiqués mais parce que des militants prennent toute la place.

Les militants radicaux voudraient que les membres s'identifient à eux. Jamais ils ne prennent le problème par l'autre bout, jamais ils ne se préoccupent d'écouter les membres et de les refléter ne fusse qu'un peu. Certains pensent savoir beaucoup mieux que les membres ce qui est bon pour eux. Cela ressemble parfois à du mépris, parfois à du paternalisme. Ils se voient comme l'avant-garde éclairée et ils se placent donc au-dessus de la démocratie. C'est une façon de cacher leur désir de pouvoir. Bien peu échappent à l'attrait du pouvoir pour le pouvoir, même s'il ne savent quoi en faire quand ils l'exercent.

Postulant que nous sommes tous égaux, le mouvement syndical se sent mal à l'aise avec la notion de leadership. L'exercice du leadership démocratique dans un sens progressiste n'est pas chose facile. Quand il est question de grandes orientations, on ne peut ignorer que la consultation des membres nous renverra beaucoup de réponses apprises: le modèle dominant nous conditionne tous. Par contre, on ne peut pas non plus abrutir les syndiqués de slogans pour les traîner là où ils ne veulent pas aller; cette façon d'agir est aussi aliénante que celle du système en place. La seule voie possible est celle de la démystification et de la motivation à agir: il s'agit de faire une brèche dans le discours dominant.

Nous devons aussi nous interroger sur notre définition du «leader». Des militants qui sont en opposition systématique à la pensée majoritaire ne peuvent pas jouer le rôle de «leader». Des présidents qui se réservent les discours et les activités intellectuelles de prestige et qui ne mettent jamais la main à la pâte ne peuvent être des meneurs proches des gens; ce sont des dirigeants et, comme tout dirigeant, ils reproduisent la stricte division du travail.

Pour un exécutif, la tentation de la démagogie est forte (pencher toujours du côté du vent, n'émettre que les avis que les membres veulent entendre, s'abstenir de faire des choix pour être réélu sans problèmes); la tentation de laisser les militants radicaux diriger le syndicat et décider seuls des grandes orientations l'est tout autant. Les membres doivent y être associés; c'est à ce moment que le leadership peut s'exercer et que l'argumentation peut se faire.

UN MODÈLE QUI CONVIENT À PLUSIEURS

Le style du militantisme traditionnel découle du modèle du syndicalisme traditionnel; les deux s'appuient l'un sur l'autre en se renforçant. Certains vieux routiers du mouvement syndical ne jurent que par cette approche; les membres de groupes d'extrême-gauche ont perfectionné le style. D'autres militants aspirent à autre chose, mais ils ne savent pas comment échapper au modèle. Même ceux qui sont très critiques n'y arrivent pas non plus.

A- Les membres de groupes d'extrême-gauche

Des groupes d'extrême-gauche ont souvent réussi à imposer leur style. Ils ont voulu développer des pratiques révolutionnaires à l'intérieur des syndicats, des coopératives, des groupes populaires. Ils étaient convaincus qu'ils détenaient l'analyse juste, que leurs stratégies étaient les bonnes et ils se sont vus comme les seuls défenseurs de la classe ouvrière. Des anciens de groupes communistes m'ont raconté des anecdotes sur leur passé. C'est parfois drôle à rire aux larmes; c'est aussi émouvant et triste.

J'ai cru que la vie n'avait plus de sens pour moi du moment que je quittais le Parti. Quand, pendant des années, on se fait dire — et on dit — que le jour de la révolution est proche, avec ses lendemains qui chantent et que, brusquement, on retombe les deux pieds sur terre... quelle douche froide! Que la réalité apparaît fade devant nos poings levés appelant à la lutte finale![8]

Il y avait beaucoup de beauté et d'idéalisme dans ces regroupements. Ils sont malheureusement devenus des cercles d'endoctrinement; ils ont trop souvent fait preuve d'intolérance concertée et ils ont trop souvent élaboré des stratégies déloyales, la fin justifiant n'importe quel moyen. L'extrême-gauche s'est ainsi dangereusement rapprochée de l'extrême-droite (ceux qui se sont fait dénoncer en savent quelque chose). Les gens d'extrême-gauche ne pouvaient, eux, être dénoncés puisqu'ils accusaient tous ceux qui critiquaient leurs agissements d'être à la solde des patrons.

Dans les syndicats comme ailleurs, ils sont venus dans le but de faire prévaloir les orientations de leur formation politique, de façon tantôt ouverte, tantôt détournée. Ils ont parfois pris le contrôle des exécutifs, des comités d'information et de stratégie (on ne les trouve jamais dans des comités comme les comités de retraite ou de perfectionnement). Certains d'entre eux se présentaient dans un congrès au nom d'un syndicat et y défendaient des positions en tous points semblables à celles de leur groupe politique. Et dire qu'ils reprochaient aux centrales syndicales d'entretenir des rapports avec des partis politiques!

Lorsqu'ils étaient au pouvoir dans leur syndicat, une de leurs stratégies consistait à laisser pourrir les problèmes avec l'employeur, de façon à pouvoir dire aux membres: «Voyez, rien n'est possible, sortons dans la rue.» Ça s'appelle «l'exacerbation des conflits» ou «susciter la lutte des classes». En même temps, ils voulaient «conscientiser les masses populaires» en prenant le micro le plus souvent possible pour présenter la théorie marxiste et pour dénoncer les impérialismes. Certains syndiqués osaient critiquer leur approche: «Vous faites un journal communiste et, du fait même, vous obligez les syndiqués à lire ce que vous pensez, alors que ce qui est attendu, c'est un journal syndical.»

---

[8] Extrait d'une lettre qu'un ancien du PCCML m'a envoyée.

Comment ont-ils pu croire que de telles stratégies étaient efficaces? Les organismes populaires se retrouvaient à feu et à sang, alors que le Conseil du patronat et la Corporation des médecins continuaient leur petit bonhomme de chemin. Les membres en avaient ras le bol du jargon intellectuel importé et des débats idéologiques interminables et ils quittaient les assemblées; ils devenaient allergiques au discours de gauche. Les militants communistes se retrouvaient au pouvoir, mais sans la base.

Lorsqu'ils étaient écartés des centres de pouvoir dans leur syndicat, ils discréditaient toute solution négociée et s'opposaient aux nouveaux dirigeants. Ils semaient le doute au sujet de leur intégrité; les dirigeants ne pouvaient être que naïfs ou opportunistes. La manipulation des assemblées et des ordres du jour leur a servi à toutes les sauces. Quand ils ne voulaient pas qu'une question soit débattue parce que leur option serait écartée, ils proposaient une modification à l'ordre du jour pour faire passer en premier un point qui leur permettrait de poser de nombreuses questions et ils faisaient la queue au micro. La salle comprenait qu'elle avait été manipulée, qu'elle ne voterait pas sur la question pour laquelle elle s'était déplacée. Mais un groupe de 300 personnes a peu de chances contre une stratégie bien planifiée par cinq ou six militants aguerris. Du fond de la salle, des ouvriers leur criaient d'aller s'asseoir, des intellectuels répondaient systématiquement à leurs arguments. Cela ne donnait pas grand-chose tant que le pouvoir politique ne s'y ajoutait pas.

Des syndiqués ont été pénalisés parce que des militants d'extrême-gauche tardaient à présenter des hypothèses de règlement proposées par l'employeur, alors qu'ils avaient été élus pour le faire. Des militants pas assez «à gauche» ont été méprisés et sont partis. Des sympathisants à la cause sont sortis désemparés de l'expérience. Tout cela parce que l'autoritarisme a de l'effet, que la gauche intellectuelle craint toujours de ne pas être assez à gauche, que des centrales syndicales ont fermé les yeux, que des dirigeants de syndicats ont eu peur des affrontements nécessaires pour restaurer la démocratie, même quand la base demandait qu'ils fassent quelque chose. En fin de compte, l'apathie des modérés a favorisé la montée des extrémistes.

Les groupes d'extrême-gauche sont en perte de vitesse, la plupart étant même dissous. On ne peut cependant ignorer la place disproportionnée qu'ils ont occupée dans le mouvement syndical par rapport au pourcentage des membres qui partageaient leurs opinions. Et ce n'est pas parce qu'une organisation politique s'est sabordée que ses anciens adhérents transforment instantanément leurs pratiques.

B- Les autres militants

Certains vieux routiers pratiquent un style semblable par conviction; alors que les militants d'extrême-gauche veulent bloquer la machine, les vieux routiers veulent la faire fonctionner. Ces derniers reprennent à leur compte le «discours des mines de charbon», qui était justifié à son époque et qui le reste quand les conditions de travail sont pénibles et les employeurs intraitables. Ils n'ont pas su ou n'ont pas voulu s'adapter à d'autres réalités, plus particulièrement à celle du secteur public.

Pour d'autres, c'est une façon d'être. Les dimensions psychologiques existent, même si le syndicalisme les ignore. Les militants militent avec leur personnalité. Certains d'entre eux ne sont pas des individus heureux, certains ont des problèmes psychologiques importants. Au lieu de tenter de les résoudre, ils les projettent dans l'action syndicale. Le milieu s'y prête à merveille car on n'y est pas amené à percevoir correctement la réalité, à faire preuve de cohérence et de bon sens, à accepter le doute, à échapper aux rôles et aux masques, à entrer en discussion, à développer autant la capacité de construire que celle de critiquer. Des personnes «fuckées» peuvent empêcher un syndicat de fonctionner et personne n'osera les arrêter ni ne tentera de les faire progresser. Encore une fois, les dirigeants ont peur des affrontements tant pour leur image publique

82

que pour la stabilité du syndicat; ils se sentent aussi démunis vis-à-vis des déséquilibres psychologiques.

Beaucoup d'autres militants n'avaient pas comme idéal au début le modèle de syndicalisme traditionnel. Ils s'y sont conformés. Les nouveaux n'ont que ce modèle devant les yeux, la plupart l'adoptent donc par imitation. Certains s'habituent ou se résignent; certains voudraient échapper au rôle de militant traditionnel, ils sentent qu'ils piétinent, ils ont l'impression d'étouffer. Mais ce n'est pas facile d'aller à contre-courant, de se débarrasser de vieux réflexes, de changer un discours intégré, de modifier des pratiques répétées maintes et maintes fois. C'est le danger des rôles: ils ne permettent pas d'évoluer naturellement, ils enferment dans des comportements stéréotypés tant individuels que de groupe. Tout le monde s'attend à ce qu'un militant ressemble à l'image connue du militant. Pour s'en sortir, il faut expérimenter un autre style de militantisme et il faut en même temps y habituer l'entourage. Or aucun contre-modèle n'est proposé.

Ceux qui cherchent en dehors des sentiers battus sont peu nombreux et ils sont isolés. Ils lancent quelques idées, ils posent quelques gestes. Mais ils n'ont pas le courage de dire que ça n'a plus de sens, parce qu'ils ne savent pas clairement quoi d'autre suggérer.

Le modèle en place a donc une bonne espérance de vie. Il a pour lui la tradition, les habitudes, la force de l'inertie. Le syndicalisme peut stagner encore longtemps avant que nous décidions éventuellement de le transformer. Le risque est grand que nous tentions simplement d'en compenser les lacunes les plus gênantes, d'en camoufler les incohérences les plus voyantes.

LES PRÉSIDENTS ET LES EXÉCUTIFS

Il existe différents types de présidents. Je veux parler ici de ceux qui investissent beaucoup d'énergie dans leur syndicat. Ils ont, pour la plupart, développé les caractéristiques des militants, mais ils font un travail énorme dont bénéficient les membres.

Le président exerce la seule fonction qui n'est pas régie par la convention collective et pour laquelle il n'y a pas de description de tâche ni d'heures supplémentaires payées. Le président porte la charge politique du syndicat. Il assume aussi la coordination globale; il est souvent le seul à avoir en tête le portrait de tout ce qui est en cours. Comme il se sent responsable de la bonne marche du syndicat, il finit souvent par faire lui-même certaines des choses qui traînent un peu partout. Il doit être très polyvalent, car sa tâche comporte des éléments d'administration, de rédaction de textes, de négociation, de relation d'aide… Or personne ne se sent parfaitement à l'aise dans tous ces domaines.

Les heures sont très longues. Il n'a jamais l'esprit libre, il amène chez lui les préoccupations et les problèmes du syndicat. Du matin au soir, il est bombardé d'imprévus; il doit constamment mettre de côté la lettre à terminer avant cinq heures pour recevoir un syndiqué. Il n'entend le plus souvent que des commentaires négatifs; même les membres qui sont très satisfaits du syndicat lui parlent de ce qui les agace quand ils le croisent. Et les messages sont souvent contradictoires:

«Cela a duré trop longtemps.»— «Cela n'a pas duré assez longtemps.» — «Il y a eu trop de …»— «Il n'y a pas eu assez de …» Il va de réunion tendue en réunion tendue; contrairement aux autres, il ne peut pas se permettre d'en manquer une. S'il se trouve face à un directeur du personnel qui essaie de lui faire des coups fourrés, il doit avoir des nerfs d'acier.

Au cours d'une année, le président est confronté à toutes sortes de réalités dont les syndiqués sont très peu conscients: congédiements, alcoolisme, effondrements psychologiques. Une personne a détourné des sommes d'argent et elle est congédiée; le président doit communiquer avec elle et tenter de transformer le congédiement en démission. Un autre s'absente constamment de son travail, il est alcoolique mais ne veut pas l'admettre. Un autre lui téléphone deux fois par jour pour savoir où en est son dossier. Le président n'en revient pas de voir les membres attendre tellement du syndicat quand surgit une difficulté, eux qui ne s'en souciaient pas la veille. S'il se contente de ne rencontrer que les syndiqués qui viennent le voir, il finira par croire que les conditions de travail sont intolérables car il sera toujours en présence de personnes qui vivent des problèmes et de l'insécurité: ceux qui sont satisfaits dans leur travail ne viennent pas au syndicat.

Le pire, ce sont les tensions internes. Certains militants font des montagnes avec des détails, cherchent la bête noire, lancent des rumeurs, harcèlent constamment l'exécutif. Le président trouve ces comportements d'autant moins acceptables qu'il est conscient des problèmes réels à solutionner. Les militants n'ont qu'à militer, ils ne subissent pas les pressions des membres qui veulent que leurs problèmes soient réglés rapidement. Les militants n'ont qu'à militer, ils n'ont pas à gérer une organisation, à respecter des échéances, à assumer les responsabilités qui accompagnent l'exercice du pouvoir. Si un président veut connaître le climat dans l'ensemble du syndicat, il doit sortir du cercle des militants et se réserver des moments pour aller rencontrer les membres à leur travail. Mais un président peut aussi vouloir être plus intransigeant que ses «ardents» militants…

Et que faire quand l'organisation n'est plus du tout démocratique parce que des militants la contrôlent entièrement? Les membres ne sont pas habitués à se concerter, à jouer de la procédure, à affronter les tensions. Ils ne peuvent donc que difficilement reprendre leurs affaires en main. Ils ont plutôt tendance à déserter le syndicat quand ils ne s'y reconnaissent plus. Ce sont nécessairement des élus syndicaux qui devront s'attaquer au problème, avec le risque qu'ils abusent de leur pouvoir. Peu oseront le faire. Ils hésiteront longtemps, par crainte de représailles. Ils passeront à l'action quand ils ne verront aucune autre issue. En général, ils le paieront cher.

Un président voit le rôle qu'il joue l'emporter sur sa personnalité. S'il n'est pas à l'aise dans le modèle dominant de syndicalisme, son intégrité personnelle est menacée. En effet, il devra constamment s'autocensurer et il en viendra à ne plus exprimer ses opinions; il finira même par faire des choses qu'il jugera rétrospectivement aberrantes.

Il y a peu d'avantages et beaucoup de désavantages à devenir président. Celui-ci n'a plus de temps à lui, le ciel peut lui tomber sur la tête à tout moment, le cynisme le guette. De quelque façon qu'il agisse, il se trouve toujours des gens pour mal interpréter ses actes ou pour le critiquer durement. Il se fait des ennemis. Cela ne le dérange pas de se faire haïr par des personnes avec lesquelles il se serait confronté de toute façon, présidence ou pas. Mais il est atteint quand des syndiqués lui en veulent parce qu'il a appliqué des décisions prises par l'une ou l'autre des instances syndicales.

Quand des militants attaquent ou quand la réalité est difficile (négociations ou grève), ça devient presque intenable. Mais le président traverse tout cela. C'est le même phénomène qui faisait que des mères de douze enfants ne tombaient jamais malades parce qu'elles ne pouvaient se le permettre. À un degré moindre, d'autres sont sujets aux mêmes tensions: les secrétaires du syndicat, les autres membres de l'exécutif, les membres du comité de négociation... Les présidents, les membres d'exécutifs s'encouragent, ils vont prendre un verre ensemble. Ils se disent que la situation s'améliore, que leur mandat achève. Leur mémoire devient sélective, ils ne se rappellent que les réunions calmes et les fêtes réussies, ils oublient le reste. Ceux qui ne peuvent pas supporter d'être attaqués se racontent que ce n'est pas à eux personnellement qu'on en veut.

Il n'y a pas foule pour briguer les suffrages. Dans plusieurs syndicats, ce sont les mêmes qui se présentent année après année. Ils sont souvent élus par acclamation. Des postes peuvent rester vacants durant des mois, des dirigeants démissionnent parfois. Au SEUQAM, il y a eu onze personnes à la présidence en douze ans; or les mandats sont de deux ans. Vers la fin du printemps, à l'approche des élections syndicales, s'organise presque partout une opération de «tordage de bras» pour combler tous les postes ou former des équipes. Il est intéressant d'assister à cette ronde de négociations et de pressions. Des militants partent en chasse, ils téléphonent à d'autres pour les inciter à poser leur candidature. On fait appel aux meilleurs amis de l'éventuel dirigeant pour le convaincre. On fait même circuler des pétitions.

De moins en moins de personnes sont disposées à gaspiller leur énergie vitale dans les tensions du pouvoir. Mais toute association a besoin de leaders et de coordonnateurs. C'est un mauvais signe que le syndicalisme n'arrive plus à attirer autant de personnes ressource qu'il en aurait besoin. Que le phénomène se rencontre partout à l'heure actuelle, en politique notamment, ne devrait ni nous consoler ni nous rassurer.

LES MEMBRES

Les membres sont non seulement apathiques mais absents; bon nombre de militants l'admettent et le déplorent.

> Nous avons beaucoup de difficulté actuellement à rejoindre les membres. Il nous suffit de regarder l'assistance à nos assemblées générales pour s'en rendre compte.[9]

Nos quorum très bas nous permettent encore de fonctionner, ce qui camoufle le problème de la participation.

La société de consommation généralise le chacun pour soi et réduit donc les gestes d'engagement vis-à-vis des autres. Les syndicats en subissent les effets, mais l'activité syndicale n'a rien non plus pour attirer ceux qui seraient prêts à participer.

A- Consommer des services

Les membres considèrent le syndicat non pas comme une association dont ils feraient partie mais comme une organisation gérée par des militants. J'ai entendu une syndiquée qui nous donnait un coup de main répondre à quelqu'un qui lui posait une question: «Moi je ne fais pas partie du syndicat, je fais du bénévolat. Informe-toi à ceux dont c'est l'affaire.» Il y a deux catégories de syndiqués: ceux qui ont signé une carte d'adhésion et ceux qui font du syndicalisme. Les membres se considèrent comme étant à l'extérieur du syndicat.

---

[9] Extrait d'un discours prononcé par le directeur général du SCFP au Québec au congrès de 1983.

Dès qu'une personne nouvelle se met à militer, elle devient LE syndicat. On s'imagine qu'elle a toujours été là, qu'elle est une inconditionnelle du syndicalisme, qu'elle endosse toutes les idées des autres militants. Je ne suis reliée de près ou de loin au SEUQAM que depuis 1981, mais des syndiqués sont convaincus que j'ai fait la grève de 1976 (alors que je n'étais même pas membre du SEUQAM). On pourrait parler du phénomène du «jeune poulain considéré comme un vieux cheval». Dès que quelqu'un s'engage, même s'il ne le fait que depuis quelques semaines, il acquiert le statut de vieux militant. On le suppose bien informé sur tout. On l'arrête dans le corridor pour lui poser des questions et on lui demande son avis, surtout s'il a une certaine crédibilité personnelle. Les hommes et les femmes qui embarquent pour un tour de piste se trouvent immédiatement confondus avec ceux qui galopent depuis la fondation.

Les syndiqués, eux, consomment des services et de l'information. Les syndicats ne représentent plus pour leurs membres que des machines à régler les problèmes, une assurance contre certains aléas, un rapport avec des spécialistes des griefs, de la négociation ou des régimes de retraite. C'est la mentalité du consommateur: on paie, on n'a pas à s'engager.

Quand les membres se présentent au local du syndicat pour une information, ils ont généralement des attitudes personnelles correctes, voire même chaleureuses. Cependant, certains se comportent platement et sèchement; parce qu'ils versent leur cotisation syndicale, ils s'imaginent payer les salaires des personnes reliées au syndicat et les considèrent comme leurs serviteurs: «Vous êtes payés pour ça.» Leur mentalité de consommateur les empêche de comprendre que certains militants donnent beaucoup de leur temps au syndicat. Il y a aussi ceux qui engueulent la mauvaise personne ou la personne en autorité qu'ils ont sous la main plutôt que d'exposer calmement leur point de vue. Ils ont subi des frustrations et se sentent justifiés d'en créer à d'autres. Il est dommage qu'on serve avant les autres ceux qui manifestent de l'agressivité parce qu'on craint leur réaction.

B- N'y rien comprendre, se méfier, critiquer

Les membres n'ont pas l'impression de comprendre grand-chose: les structures, la procédure, la convention collective, les enjeux de négociation... Nous ne leur facilitons pas la tâche, ils n'y mettent pas d'efforts non plus. L'univers syndical n'a pas de lien — ou si peu — avec leurs préoccupations; il leur apparaît éloigné, presque irréel. Ce n'est que sur de grandes questions et sur des problèmes vécus qu'ils intègrent l'information. Et pas toujours. Nous avions des syndiqués qui se demandaient encore si nous faisions parti du Front commun un an après que la décision de ne pas en faire partie ait été prise. Nous en avions d'autres qui attendaient toujours les offres salariales un an après que nos salaires aient été fixés par décret. Quand il s'agit de situations personnelles, l'information est mieux assimilée. Une femme enceinte connaîtra tout du congé de maternité; une personne dans la cinquantaine s'intéressera au régime de retraite.

Au SEUQAM, les gens ne veulent pas utiliser quelques heures de leur temps pour participer à l'administration des affaires syndicales. Ils veulent être consultés seulement sur les questions importantes et ils préfèrent que leur délégué et l'exécutif s'occupent du reste. Ils inventent toutes sortes d'excuses pour justifier leur non-participation. «La grève de 1976.» — «Il faisait trop mauvais.»— «Il faisait trop beau.» — «C'est pas grave, il n'y a plus de participation nulle part.»

Certains se sentent écrasés. Combien, surtout parmi ceux qui n'ont pas une profession intellectuelle ou qui sont âgés, redoutent autant d'avoir affaire à leur syndicat qu'au Service du personnel. «Qu'est-ce que le syndicat va faire avec notre affaire?»— «Ça va peut-être être pire après.» D'autres ont des besoins, des aspirations, des idées qui se démarquent de l'approche syndicale traditionnelle: par exemple, travailler quatre jours par semaine avec une diminution de salaire, expérimenter la cogestion. S'ils passent par le syndicat, ils vont se faire dire que c'est trop dangereux ou se faire traiter d'antisyndicaux, ce qu'ils ne sont pas. Ils finissent par croire que c'est plus facile de discuter directement avec l'employeur.

D'autres se méfient des dirigeants syndicaux et des militants. L'image qu'ils en ont est désolante: butés, de mauvaise foi, voulant imposer de force leur vision du syndicalisme, ne se préoccupant pas des facteurs humains. Plusieurs militants ont ces attitudes, mais certains membres généralisent et s'imaginent toujours qu'ils sont manipulés. Dans les gros syndicats, les syndiqués ne connaissent pas personnellement ceux qu'ils ont élus. Comme nous entrons dans un rôle (celui de président, de membre du comité de griefs…), comme nous n'avons pas le temps de rencontrer un à un nos syndiqués, ceux-ci ne savent pas s'ils peuvent avoir confiance.

Beaucoup trop de syndiqués critiquent aussi pour critiquer[10]; ils écoutent n'importe quelle rumeur, ne font pas le moindre effort pour s'informer, considèrent toujours les aspects négatifs et jamais les positifs. L'habitude de la méfiance que nous avons développée chez nos membres se retourne contre nous. Nous leur avons appris la désillusion, le cynisme, la critique à l'emporte-pièce face à tous les dirigeants, pouvoirs et appareils. Nous avons oublié que les syndicats en sont.

Au SEUQAM, sept cents personnes sont venues voter contre la grève générale; à peine trois cents sont venues entériner l'accord de principe, alors que la très forte majorité était satisfaite du règlement. Il y a aussi cet exemple extrême de critique: «Vous voulez qu'on se prononce sur des textes, mais vous les remettez incomplets.» Or il manquait un paragraphe sur 251 pages!

Ceci étant dit, je pense que la majorité veut des leaders humains, qui savent où ils s'en vont, qui règlent les problèmes, qui animent la vie syndicale. Quand des dirigeants qui inspirent confiance restent assez longtemps pour devenir des repères, les membres l'apprécient. Au SEUQAM, lors de l'assemblée de ratification de la convention, un homme de métiers-services

---

[10] Les directions de syndicats autoritaires entendent très peu de critiques, soit parce que les membres sont absents, soit parce que les critiques sont étouffées. Quand les membres sentent qu'un espace leur revient, ils l'occupent, mais certains ont appris uniquement à critiquer.

s'est avancé au micro pour dire combien il était content que le comité de négociation, les exécutifs et les présidents n'aient pas lâché malgré les difficultés et les injures de certains. C'était émouvant, et beaucoup de personnes ont exprimé par leurs applaudissements qu'elles auraient aimé dire la même chose. Mais il est rare que cela se produise et qu'un syndiqué prenne le micro pour laisser parler ses sentiments.

C- Les phénomènes de grand groupe

L'incompréhension ou la méfiance individuelles sont amplifiées par les phénomènes de groupe: rumeurs, distorsions de l'information, inquiétudes collectives. Dans une masse de 1 000 personnes, les rumeurs circulent, enflent, s'annulent, se complètent. On se croirait en pleine brousse africaine avec des tam-tams et des feux dans la nuit. C'est encore pire quand la situation est instable, en période de négociation par exemple. «L'exécutif veut convoquer une assemblée spéciale pour nous faire voter la grève illimitée.» Sur les lignes de piquetage, il y en a encore plus. «L'UQAM a fait appel à l'escouade anti-émeute.» — «Des piqueteurs ont été blessés par l'anti-émeute au coin de Saint-Denis.» Or c'était faux dans tous les cas.

Peu de personnes se donnent la peine de vérifier les rumeurs; on se contente de les transmettre. Un exécutif a beau tout faire pour informer rapidement les membres, il ne va jamais assez vite. Écrire un texte et le distribuer prennent au moins 48 heures; la rumeur va beaucoup plus vite. L'exécutif peut sauver du temps en transmettant verbalement l'information aux délégués, mais alors le phénomène d'interprétation peut jouer.

La majorité suit généralement assez bien le déroulement des événements, et les rumeurs finissent par être étouffées. Mais elles auront eu un impact, elles ont continuellement un impact. Les syndicats devraient analyser les phénomènes de grands groupes et les structures individuelles de pensée, qui font que tant de personnes sont si sensibles aux rumeurs.

LE REPLI SUR SOI

Beaucoup de travailleurs du secteur public ne veulent plus s'engager ni syndicalement ni socialement. Ils ont été déçus de la politique: les résultats du référendum, le cheminement du Parti québécois... Comme membres de la classe moyenne, ils se sentent menacés dans les sécurités qu'ils avaient acquises: la crise économique et la restructuration du travail due aux changements technologiques ont un impact sur tous les groupes de travailleurs. Au lieu de réagir solidairement et d'établir des liens avec d'autres groupes, la grande majorité se replie sur la vie privée: l'expression et le développement personnels, le conjoint et les enfants, les amis très proches, la maison, la consommation.

Le développement personnel est une dimension essentielle de l'être humain: connaissance de soi, épanouissement de toutes les capacités, communication sous toutes ses formes... Mais on nous a appris à confondre réalisation et possession, création et évasion, développement personnel et individualisme. Par ailleurs, il ne s'agit pas de la recherche d'un équilibre entre vie personelle et vie sociale mais d'une fuite hors du collectif (le travail sans signification, l'activité politique réduite à l'esprit partisan, les affrontements au sein de la plupart des groupes et associations).

Déconnectée du collectif, la vie personnelle ne peut jamais être aussi riche, même quand on y puise des satisfactions. Et quand ce n'est pas le cas, on se retrouve devant un vide. L'existence gagne a être intégrée dans ses dimensions affectives, intellectuelles, culturelles, sociales et politiques. À force de privilégier la vie privée, la dimension collective nous échappe et nous manque. Nous devenons malhabiles à mettre en commun nos énergies. Nous n'arrivons plus à planifier des projets de travail (c'est trop difficile de discuter à vingt), à fixer des priorités syndicales (c'est impossible de s'entendre à plusieurs milliers), à établir un projet de société (c'est utopique de vouloir dégager des consensus à six millions). Nous avons tellement mis l'accent sur les différences individuelles que nous ne nous trouvons plus rien de commun.

Nous ne sommes pas ingouvernables pour autant. Les pouvoirs peuvent prendre des initiatives, nous n'avons à peu près jamais l'élan collectif nécessaire pour y résister ou pour créer autre chose qui nous réussirait mieux. En bout de ligne, nous acceptons de diminuer nos attentes tant sur le plan social que sur le plan individuel. Et nous faisons soigner les symptômes (fatigue, dépression...) par lesquels nous manifestons nos insatisfactions de toutes sortes. Nous nous sentons incapables de prendre notre situation en main ou de modifier nos conditions d'existence.

A- La personnalisation dans l'uniformisation

Nous voulons nous personnaliser et manifester notre originalité. Mais notre société est uniformisante, quoiqu'il en semble. «Tout le monde le fait, fais-le donc» est un message puissant auquel très peu de gens résistent. Nous vivons tous de la même façon. Nous nous levons à la même heure pour nous retrouver en même temps sur les ponts, et pour revenir vers nos maisons de banlieues. Nous prenons nos pauses-café, nous dînons aux mêmes heures, nous formons des files d'attente tout le temps: le jeudi dans les banques, le samedi dans les centres d'achat et les cinémas. Nous avons tous les mêmes goûts et les mêmes besoins aux mêmes moments: les «partys» de bureau et des cadeaux à Noël, un brunch à la fête des mères, les vacances en juillet. Nous manifestons notre affection en achetant les mêmes cadeaux: un jeu électronique, une robe de chambre pour la fête des pères, des cartes de souhaits toutes faites... Nous voilà obligés de suivre des recettes de relations

96

interpersonnelles et de parler en «je» en toutes circonstances pour avoir l'air authentiques.

Même quand nous souhaitons nous démarquer, nous allons souvent vers d'autres conformismes en suivant des modes ou en nous isolant dans des groupuscules de toutes sortes. Cela nous sécurise de nous trouver dans des milieux où tout le monde s'habille de la même façon, analyse la réalité avec la même grille et utilise le même vocabulaire.

Les stratégies de vente utilisent l'approche personnalisée pour nous inciter à vivre comme tout le monde. L'ami-vendeur chaleureux et souriant s'occupe de notre mieux-être en nous faisant découvrir les avantages d'un appareil que nos voisins ont déjà; les lettres circulaires donnent à chacun l'impression qu'elles ont été écrites pour lui. Nous nous trouverons de plus en plus à posséder un objet «unique», par ailleurs produit à des milliers d'exemplaires. Chaque poupée «bout de chou» diffère déja de toutes les autres tout en permettant à chaque enfant d'avoir la même chose.

B- Le couple et la famille

Pour la grande majorité, le couple est l'élément central de la vie privée. Nous devrions y trouver épanouissement à deux, dialogue, plaisir sexuel. Certains y arrivent mais combien s'ennuient ensemble et réussissent à souper en tête à tête au restaurant sans se parler et en évitant de se regarder. Combien sont à bout de nerfs à force de cohabiter et se rendent mutuellement l'existence difficile.

Tout est organisé pour tuer l'amour dans le couple: signer un contrat de mariage qui fait du couple amoureux un couple légal, se trouver continuellement avec les enfants, percevoir l'autre comme un acquis, se sentir abandonné quand le conjoint a des intérêts propres, considérer comme normal de se disputer et de se heurter. Nous nous permettons, avec la personne qui prend le plus de place dans notre existence, des comportements que nous n'aurions pas avec les autres; nous comptons ensuite sur les thérapies de couple pour arranger les choses. L'intensité des sentiments amoureux ne durerait peut-être pas toujours mais s'éteindrait moins vite si on protégeait l'émerveillement, la surprise, la tendresse, le jeu, la complicité. Il faudrait mettre moins l'accent sur le mythe du couple et démontrer davantage de créativité dans les relations que nous choisissons de vivre.

Nos fins de liaisons sont révélatrices des cheminements antérieurs. Le mariage étant un lien d'amour, il devrait être envisageable de se quitter quand la relation est très insatisfaisante. Mais l'amour devant durer toujours, les ruptures sont toujours crise et drame. Nous n'arrivons pas à nous sortir de l'équation rupture = échec. «Il a raté son mariage.» — «Leur relation s'est terminée par un échec.»— «Je veux refaire ma vie.» Il faut un coupable, il faut même souvent des avocats pour mettre fin à une histoire d'amour. A quoi cela sert-il de tomber en amour pour en arriver chaque fois à accumuler des reproches et à se détester quand on se quitte?

Nous ne parvenons pas à voir l'histoire d'un couple comme un cheminement, encore moins à transformer l'amour en amitié, ce qui ferait dire: «Nous ne sommes plus amoureux, nous avons envie de repartir chacun de notre côté, quittons-nous avec tendresse. Continuons à nous voir, c'est précieux ce qui nous reste.» Ça pourrait être aussi: «Je ne suis plus amoureux, tu l'es encore. Il faut doucement que tu te détaches de moi ou que je réinvestisse dans notre relation et que nous nous retrouvions.» Mais cela n'est possible que si, dès le départ, nous admettons qu'il y aura des remises en question à faire avant que le fossé ne se soit élargi, qu'il y aura peut-être une fin à préparer avant qu'il ne reste qu'agressivité et indifférence. Il faut mettre autant d'énergie à finir une relation qu'à la commencer.

Les enfants sont désirés, la grossesse et l'accouchement sont préparés, beaucoup de pères vivent leur paternité. Mais la psychologie moderne a créé beaucoup d'illusions autour de l'enfance et des relations adulte-enfant. L'accouchement n'est pas que joie, il est aussi souffrance. La venue d'un enfant est dérangeante, c'est exténuant au début de s'occuper d'un bébé même si on l'a désiré. En grandissant, les enfants ne conviennent pas toujours à leurs parents pas plus que ces derniers ne conviennent nécessairement à leurs enfants.

Les parents n'ont qu'un ou deux enfants et ils en font le centre de leur vie, surtout quand ils ne tirent pas suffisamment de satisfaction de leur existence. On leur a parlé de stades de développement, de mésadaptations et de problèmes d'apprentissage, ils sont aux aguets, ils se sentent coupables d'avance. Plusieurs ont de la difficulté à identifier des normes d'éducation et de socialisation. Ils veulent compenser pour des frustrations qu'ils ont eux-mêmes subies. Ils auraient tendance à créer un milieu aseptisé pour leurs enfants. Les enfants ne peuvent plus respirer ni se mettre dans le pétrin et s'en sortir. En un sens, on les empêche de grandir et d'être différents de leurs parents. En retour, ils empêchent aussi leurs parents d'avoir une existence en dehors d'eux, ils les manipulent et exigent une attention constante. C'est le phénomène de l'enfant-roi, qui semble peu inquiétant quand l'enfant est petit mais qui produit égocentrisme et apathie par la suite. On cherche souvent à en mettre la faute sur la famille monoparentale alors que c'est le modèle d'éducation qui en est la cause.

On prétend que les enfants sont plus autonomes. Dans certains domaines, c'est évident; dans d'autres ça l'est beaucoup moins. Les enfants sont toujours observés et accompagnés, ils se font toujours tenir par la main. Traverser la rue seul comme un grand, échapper pour plusieurs heures au contrôle des adultes, explorer le quartier et la ville en bandes, tout cela se faisait beaucoup plus tôt et plus naturellement auparavant. Les dimensions d'apprentissage et de négociation avec les pairs sont en train de se perdre. Les jeunes regardent beaucoup la télévision ou jouent seuls. À la garderie et à l'école, ils côtoient heureusement d'autres enfants mais il y a toujours un adulte pour organiser les activités ou pour venir mettre son nez quand un problème surgit. Ne pas avoir grandi avec sa génération a des conséquences affectives et sociales.

À une époque, on était homme ou femme à douze ans. L'adolescence fut inventée et maintenant, avec le chômage, on trouve normal qu'un jeune étudie jusqu'à 25 ans. Être jeune devient synonyne d'être incapable d'assumer des responsabilités réelles dans la communauté. À ce rythme, on va finir par croire que c'est bien tôt 35 ans pour commencer à travailler et pour quitter le nid familial!

C- Les jeunes

Les jeunes sont difficiles à décrire comme groupe. On peut cependant observer certaines tendances. Ils sont inquiets face à leur avenir, ils sont sceptiques face au collectif, ils se préparent à surinvestir dans leur vie privée. Nous leur transmettons notre propre manque d'enthousiasme.

Comme nous, ils sont incapables de faire des consensus. Plusieurs aspirent à vivre un «nous» mais sont habitués à fonctionner en «je». Au-delà de ce que le Parti québécois pouvait vouloir en faire, le Sommet de la jeunesse aurait pu leur fournir une tribune d'intervention exceptionnelle et une occasion de se rassembler; ils ne l'ont pas utilisée, en partie à cause d'une minorité qui croit que «la concertation, c'est se faire fourrer», en partie à cause du découragement individuel et de l'apathie générale. Ils veulent échapper aux doctrines et aux systèmes mais, en ne se regroupant pas, ils n'ont aucune force.

Nous les croyons très informés mais, pour eux comme pour nous, être bombardés de gros titres et de nouvelles express ne signifie pas être bien informé. Ceux qui réussissent à intégrer des éléments d'information disparates en un tout cohérent, ceux qui réussissent à faire des recoupements et des analyses sont rares. Le système d'éducation que nous leur avons donné insiste sur l'individualisme et les a privés du passé historique de leur société. Se centrer sur soi et sur l'instant présent amène à tout vouloir réinventer à partir de soi-même. Tout est subjectivité, l'univers se compose de «feelings», d'impressions et d'opinions. Or, les «feelings», les impressions, les opinions ressemblent beaucoup à certains types de besoins: ils sont conditionnés, ils découlent des idées reçues. De plus, il est difficile d'innover quand on ne connaît pas bien la réalité existante et le chemin parcouru. Cela produit des peurs irrationnelles, l'incapacité de décoder la publicité ou les idéologies. Comment pourrait-il en être autrement: près de la moitié des jeunes n'obtiennent pas leur diplôme d'études secondaires[11].

La connaissance étant dévalorisée, on pourrait imaginer que toute l'énergie est déplacée vers l'action. Mais beaucoup de jeunes finissent par perdre leur motivation à force de ne pas pouvoir utiliser leurs énergies et leurs connaissances. D'autres, parmi les plus enthousiastes, ont de la difficulté à se donner des méthodes de travail, à identifier les ressources requises, à ne pas tout remettre en question quand surgissent des difficultés. Il devient difficile de planifier et de prévoir des étapes, puisque seul le présent compte. Une autre partie des jeunes est efficace mais très pragmatique. Nous leur avons appris à consommer biens et services, ils veulent continuer à le faire. Ils cherchent des emplois et non des réformes sociales. Il y a pourtant des liens entre les deux.

Nous avons souhaité que nos enfants deviennent mieux outillés pour bâtir le Québec et plus capables de résister au nivellement par le bas. Force nous est de constater qu'ils se retrouvent devant un vide politique et qu'ils sont laissés aux loisirs et au chômage prétendus créateurs, dont les mieux nantis et les plus âgés se passent volontiers. C'est loin de ce que nous avions imaginé, mais cela correspond à l'organisation socio-économique actuelle qui ne semble pas avoir besoin de développer et d'utiliser les capacités de tout le monde. Apparaît le «virage technologique», nouveau remède pour assurer l'avenir des jeunes. Pour le moment, le phénomène permet de vendre beaucoup d'ordinateurs personnels que les gens achètent sans trop savoir quoi en faire. On peut parier que dans dix ans, faute d'avoir orienté le phénomène, nous réaliserons que ce n'est pas encore cela dont nous avions rêvé.

---

[11] Aux Etats-unis, où 75% l'obtiennent, une commission fédérale concluait: «Pour la première fois, les acquis scolaires d'une génération n'équivaudront pas, ne se rapprocheront même pas de ceux de leurs parents.»

Il faut à chaque génération le droit d'imaginer qu'elle peut transformer le monde, encadrée par la génération précédente qui lui transmet ses idéaux tout en lui laissant la possibilité d'en avoir d'autres. Mais si rien ne change, les jeunes devront ouvrir leurs horizons eux-mêmes.

Deuxième partie: La vie au SEUQAM

Je me suis trouvée à la présidence du syndicat des employé(e)s de soutien de l'UQAM (SEUQAM) sans jamais avoir pensé à occuper cette fonction jusqu'à ce que des militants me demandent de me présenter. Je n'avais jamais lu plus que quelques pages de ma convention collective et je déteste parler devant un micro.

En novembre 1981, j'ai été approchée en ces termes:

Au SEUQAM, les comités techniques fonctionnent, les finances sont saines. Mais la situation est bloquée dans les instances décisionnelles. La base s'est éloignée du syndicat. Des assemblées générales ne peuvent se tenir faute de quorum et pourtant celui-ci n'est fixé qu'à 5% des syndiqués. Nous avons pensé qu'il faudrait une personne nouvelle pour remettre du mouvement. Tu pourrais aller chercher les membres, faire de l'animation, organiser des consultations, écrire dans le journal. Nous nous occuperons des aspects techniques. Présente-toi, nous te soutiendrons.

J'ai d'abord refusé. Mais j'ignorais l'existence du harcèlement syndical: on se met à plusieurs pour convaincre quelqu'un qu'il doit accepter une tâche. Des militants semblaient prêts à me faire confiance à partir des jugements de personnes qui avaient travaillé avec moi. C'était à la fois valorisant et insécurisant. Si j'acceptais, pourrais-je être à la hauteur?

J'avais dit non, puis je me suis mise à hésiter. Le mouvement syndical était important pour moi. Du côté de mon travail, les perspectives étaient fermées. Des gens sympathiques, que j'aurais aimé connaître, travaillaient au syndicat.

Peut-être était-il possible de retrouver au SEUQAM un climat à base de travail d'équipe, d'efficacité et de plaisir dans l'action, climat que j'avais déjà connu dans différentes circonstances. Peut-être était-il possible d'animer un collectif de 1 000 personnes possédant habiletés, énergie et créativité, de façon à ce qu'il fasse des choses fantastiques. J'ai posé ma candidature à la présidence sans savoir dans quoi je m'embarquais. Le soir de mon élection, je me suis endormie vite, pour ne pas y penser.

Le lendemain, en arrivant au local du syndicat, j'ai eu l'impression que le ciel me tombait sur la tête. Ce n'est que vers sept heures le soir que j'ai quitté le bureau, étourdie et hébétée. Cela a duré sept mois, un tourbillon, une tornade auxquels je me suis habituée avec le temps. De plus, je suis tombée en amour avec les membres du SEUQAM. J'ai pu vivre intensément pendant une période de froideur sociale, et c'était une chance.

J'ai choisi de ne pas me recycler en contenu de convention collective et de ne pas essayer de devenir compétente en griefs; je me suis contentée de coordonner la machine technique. J'ai consacré mes meilleures énergies aux gens du SEUQAM et à l'animation. Si j'avais accompli toutes les tâches normales d'une présidente, je n'aurais plus eu de temps pour tout ce que je considérais si important. J'ai pu faire ce choix parce que j'avais autour de moi une solide équipe d'experts en convention collective, en retraite-assurances, etc. Ceux qui avaient promis de me soutenir ne m'ont pas laissée tomber, et d'autres se sont ajoutés.

Je n'ai pas demandé de renouvellement de mandat. J'avais apprécié l'expérience, mais je l'avais trouvée extrêmement difficile. Même si j'avais pu éviter d'une certaine manière l'engrenage bureaucratique, j'avais l'impression que cela ne serait plus possible encore longtemps. Les négociations allaient débuter, je devrais jouer le rôle classique de présidente de syndicat, je ne m'en sentais ni les capacités ni l'attirance. Pierre m'a remplacée à la présidence. C'est un expert en convention collective et il avait envie de vivre les négociations.

J'ai continué à donner un coup de main comme membre du comité d'information et de stratégie.

À la fin de l'année, personne ne s'est présenté à cinq des six postes vacants à l'exécutif; les élections ont été reportées. J'y voyais une occasion en or d'amorcer une réflexion collective: analyser les résultats du syndicalisme traditionnel, nous donner de nouvelles orientations, instaurer une dynamique de participation des membres. Mais plusieurs craignaient ce qui pourrait se passer si le syndicat restait sans dirigeants pendant un certain temps, surtout que les négociations pour le renouvellement de la convention collective n'étaient pas terminées. Michel est devenu président et je suis devenue vice-présidente. Je n'ai que peu dormi la nuit après l'élection; cette fois-ci, je savais dans quoi je m'embarquais.

C'est pour illustrer certaines possibilités d'une action syndicale un peu différente que je raconterai la vie au SEUQAM en 1982 et en 1983, à travers mon expérience personnelle. Il ne s'agit pas de donner des recettes, chaque syndicat ayant sa réalité propre.

LE DÉCOR

Il existe à l'UQAM une aile réservée aux syndicats. De gauche à droite dans le «corridor syndical» (ou de droite à gauche selon la porte par où l'on entre), on trouve le Syndicat des employés (SEUQAM-FTQ), celui des chargés de cours (SCCUQ-CSN) et celui des professeurs (SPUQ-CSN).

Au SEUQAM, l'espace est utilisé à son maximum. À certains moments, plusieurs personnes discutent dans le bureau présidentiel, des comités se réunissent dans les deux salles, des syndiqués attendent pour parler avec la secrétaire et d'autres sont venus prendre leur pause-café dans le local. On aime ou on n'aime pas, moi j'ai apprécié de me retrouver au coeur de cette vie. Cette ambiance est assez générale dans les syndicats, mais il y a des exceptions. Au SPUQ, par exemple, c'est beaucoup plus calme. Il y a du tapis par terre et le mobilier ultra-moderne se compare à celui dont disposent des cadres de l'UQAM. Autre catégorie socio-syndicale, autre environnement!

Le SEUQAM est constitué de quatre secteurs: métiers-services, bureau, professionnel, technique. Cela lui confère une grande originalité. Il est l'un des rares syndicats en Amérique du Nord à regrouper autant des intellectuels que des ouvriers; ailleurs, les professionnels ou les métiers-services sont séparés. Les effectifs du SEUQAM ont considérablement augmenté depuis sa fondation en 1970: ils sont passés de 400 à 1 000 membres, soit environ 850 employés réguliers et 150 surnuméraires. Le bureau comprend la moitié des membres, les autres secteurs se partageant à peu près également le reste.

A- Ceux qui passent leur vie au syndicat

La mémoire et le bon sens quotidien du SEUQAM, c'est la secrétaire principale. C'est elle qui répond «SEUQAM» sur un ton apaisant. Le bras droit du président — gauche quand il est gaucher — c'est elle. Parce qu'ils lui font confiance, plusieurs syndiqués ne veulent s'informer qu'auprès d'elle.

La petite abeille du SEUQAM, c'est la deuxième secrétaire. Sans elle, pas de lettres, pas de journal, pas de convocations. Elle sert de trait d'union entre tous ceux qui passent au syndicat sans se rencontrer. «Pourrais-tu remettre ce texte à Jean-Pierre?» — «Pourrais-tu faire penser à Christiane si tu la vois...» — «Pourrais-tu, pourrais-tu, pourrais-tu?» On ne soulignera jamais assez l'importance du rôle des secrétaires. Et dire qu'il y en avait pour s'exclamer, quand ils ne trouvaient que la deuxième secrétaire dans le local: «Il n'y a personne ici aujourd'hui?»

Le père ou la mère du syndicat, c'est le président ou la présidente. Il imprime son style au syndicat. Nos membres font toute la différence du monde entre le président et les autres membres de l'exécutif; quand ils ont un problème grave, c'est au président qu'ils veulent parler. Ce dernier a nécessairement du prestige, et tout le monde l'observe. Il peut être aimé ou détesté, jugé comme une personne de grande valeur ou comme traître; dans tous les cas, il ne disparaît que très lentement de la mémoire collective, à moins d'avoir été vraiment insignifiant.

B- Les 1 000 syndiqué(e)s

Environ les deux tiers des membres du syndicat sont des femmes. L'âge varie entre 18 et 65 ans. Nos syndiqués sont dispersés dans une dizaine de pavillons qui s'éparpillent dans le centre-ville. Ils occupent une multitude de fonctions:

> — dans le secteur métiers-services: chauffeur de camion, marmiton-plongeur, serrurier, mécanicien d'entretien et même animalier;

— dans le secteur bureau: secrétaire, téléphoniste-réceptionniste, magasinier, agente d'administration...;

— dans le secteur technique: bibliotechnicien, technicien en archives, en cartographie, technicien de laboratoire...;

— dans le secteur professionnel: analyste de l'informatique, animateur, architecte, graphiste, agent de gestion financière...

Il y a une grande richesse de formations, d'expériences et d'habiletés parmi toutes ces personnes.

Au SEUQAM, il y a de tout, depuis les conservateurs jusqu'aux super-progressistes, mais il y a surtout des gens se situant à l'extrême-centre. La majorité n'est pas engagée ou l'est peu, mais elle n'est pas antisyndicale. La plupart considèrent les conditions de travail à l'UQAM satisfaisantes et les salaires acceptables[12]. Beaucoup se plaignent cependant du peu de respect accordé aux employés de soutien dans l'institution, d'un ennui généralisé, de l'absence d'élan institutionnel et de possibilité de promotion ou même de changement d'horizon. Ils sont souvent les exécutants de décisions prises par d'autres, administrateurs et professeurs.

La situation des relations de travail à l'UQAM ne correspond pas au schéma habituel. Les professeurs syndiqués cogèrent l'institution avec la direction. Jamais celle-ci ne maintiendrait une position qui soulèverait des tollés dans le corps professoral. De plus, des professeurs deviennent souvent administrateurs; qu'il le veuille ou non, un vice-recteur (quand il est un ancien professeur à l'UQAM) sera toujours influencé

---

[12] Nous avons cependant des bas salariés: les préposées aux cafétérias, des aides-techniques, des commis-sténo-dactylo gagnent 15 000$ annuellement.

par le fait qu'il risque de vouloir réintégrer son département dans un avenir plus ou moins rapproché. Dans ce contexte, le groupe des professeurs gagne sur tous les tableaux: il dirige l'UQAM sans avoir à porter le poids de l'administration d'une institution et il peut, au besoin, compter sur la force du mouvement syndical sans s'y engager. Les employés de soutien ont compris cela depuis longtemps.

Les interactions quotidiennes entre patrons (cadres et professeurs) et employés sont bonnes là où le patron est démocratique, humain et efficace. Quand ce n'est pas le cas — la règle plutôt que l'exception — nos syndiqués tentent d'abord de régler leurs problèmes eux-mêmes. Ils revendiquent facilement leurs droits «techniques» (primes, heures supplémentaires), mais ils fuient comme la peste les confrontations personnelles avec l'autorité.

C- Nos objectifs

Les objectifs que nous avons poursuivis étaient simples:

— administrer efficacement le syndicat, négocier au jour le jour avec le Service du personnel le règlement des problèmes;

— donner à la base une partie de l'espace syndical, nous rapprocher au maximum des membres (en particulier des métiers-services dont les forces avaient été les moins utilisées);

— permettre aux syndiqués de se rencontrer et de se connaître (afin de développer l'esprit de groupe), nous renforcer comme collectivité (afin que nous puissions exiger d'être respectés dans l'université).

Nous souhaitions que les membres retrouvent un intérêt pour la vie syndicale et que le SEUQAM soit autre chose qu'une machine à régler des problèmes.

110

J'estime que le climat syndical doit être un climat de fête et de créativité pour faire contrepoids à la société mécanique, et que nos luttes doivent être joyeuses et remplies d'humour. Je crois en un syndicalisme qui s'adapte au quotidien et à l'humain des syndiqués, qui retrouve ses objectifs initiaux et qui revalorise auprès de ses membres les idéaux de gauche, qui réagit fermement lorsque la situation l'exige mais qui ne s'écarte jamais du bon sens. *Nos pratiques doivent illustrer la société différente que nous souhaitons bâtir.*

RÉGLER LES PROBLÈMES, AMÉLIORER LA SATISFACTION AU TRAVAIL

Nous avons soigné l'administration des affaires courantes, l'efficacité constituant un facteur important pour que les gens aient confiance dans leur syndicat. Mais peu importait la planification, tout était toujours à faire à la dernière minute. Je me promenais avec une feuille sur laquelle étaient inscrits les dossiers à suivre; je biffais, je biffais, mais la feuille se remplissait au fur et à mesure.

C'est prenant, mais c'est relativement facile d'administrer un syndicat. Régler les problèmes l'est moins. Les difficultés personnelles vécues par des employés, les tensions entre syndiqués du SEUQAM travaillant ensemble, les abus de pouvoir de certains administrateurs, autant d'exemples qui sortent du cadre strict de la convention collective et qui illustrent les limites de l'action syndicale traditionnelle.

Pas question de se défiler quand un membre vient consulter le syndicat, même si son problème n'est pas de nature proprement syndicale. L'homme ou la femme qui entre dans le bureau est une personne totale, pas seulement un cotisant du SCFP-1294. Quand une personne se décide à venir au syndicat, elle est souvent à bout de moyens et elle espère une aide concrète et immédiate. Il faut commencer par l'écouter, l'aider à départager l'essentiel des détails, lui fournir des informations techniques, lui demander de proposer des solutions, déterminer avec elle un plan d'action et se partager les tâches. Certains redoutent la rencontre avec le président et ils semblent soulagés quand ils en sortent.

À un premier niveau, les problèmes à régler sont les difficultés personnelles (l'alcoolisme et l'endettement, par exemple, mais également bien d'autres choses). Sans tomber dans la psychanalyse, il est possible d'aider les gens à faire des choix une fois qu'ils en ont analysé les implications. Une personne peut changer certains de ses comportements quand elle le décide et que l'entourage demande et favorise le changement.

Deuxième niveau de problèmes: les tensions très fortes qui existent entre des syndiqués du SEUQAM travaillant ensemble et qui sont souvent camouflées et rarement traitées. Parfois dues à une répartition inéquitable du fardeau de travail, elles ne favorisent pas la solidarité entre les employés. Que dire des caractères très difficiles, de ceux qui passent leur temps à commérer, de ceux qui rampent devant les patrons ou qui jouent au p'tit boss exécrable!

Je suggérais aux gens de régler leurs problèmes entre eux (quitte à ce qu'ils décident de ne se parler que pour des questions de travail). Je les motivais à exprimer leurs insatisfactions, à négocier leurs attentes mutuelles, à remettre à leur place ceux qui abusaient. Je disais aux équipes qu'elles étaient en droit d'exiger un minimum d'efforts de chacun, qu'elles devaient cependant assurer un encadrement.

Troisième niveau de problèmes: les abus de pouvoir de certains cadres ou de certains professeurs. Dans la structure de pouvoir à l'UQAM, les employés de soutien ont le mauvais bout du bâton. Des cadres et des professeurs — anxieux, incompétents, autoritaires — font preuve de mépris face aux employés, les surveillent constamment, dirigent par ordres et mémos, ostracisent ceux qui ne pensent pas comme eux, bloquent toute initiative et diminuent l'efficacité.

Notre plus beau cas fut celui d'un groupe de six techniciennes qui ont livré une lutte pour être respectées. Elles ont monté un dossier consistant: des faits, des preuves, les problèmes, les solutions envisageables. Elles se sont tenues toutes ensemble, malgré des accrochages antérieurs; elles étaient convaincues que la situation était inadmissible.

Il a souvent été possible d'améliorer la situation. Le directeur du Service du personnel (et son adjointe) était ouvert à la discussion quand nous lui démontrions qu'une injustice ou un problème existaient et que nous proposions des solutions. Il était capable de prendre rapidement des décisions et même des risques. Cet homme ne faisait pas des relations de travail une affaire de «bluff», de guet-apens et d'affrontements; il en avait une conception beaucoup plus humaine et dynamique. Il acceptait que des syndiqués exposent eux-mêmes leurs points de vue lors de rencontres patronales-syndicales.

Nous avons développé une confiance et un respect mutuels. Nous n'étions pas du même côté de la table, nous pouvions nous livrer à de longues discussions, mais nous cherchions de part et d'autre à trouver des solutions pour les gens concernés. En fin de réunion, l'une des parties disait généralement que ce que l'autre proposait semblait acceptable, qu'il fallait consulter les personnes concernées, et que la réponse viendrait le lendemain.

En règle générale, un président de syndicat doit faire face à un directeur du personnel soumis à l'institution pour promouvoir son plan de carrière. Et ce peut être pire, il en existe des obtus et des malhonnêtes. Mais le cas fut différent pour le SEUQAM durant quelques années. Des militants syndicaux ont su l'apprécier.

Le directeur du personnel a parfois joué des coudes pour faire accepter par l'institution des solutions qui allaient satisfaire le syndicat. Son attitude lui a valu bien des misères. Il devait partir, il est parti. J'ai toujours regretté de ne pas avoir souligné la valeur de cet homme dans mon message de fin de mandat. Celui qui m'a remplacé l'a fait dans son bilan de président sortant. Qu'il ait eu le courage de ce texte m'a libéré l'esprit.

Le directeur du Service du personnel a considérablement influencé le climat des relations de travail à l'UQAM. Son intégrité nous a le plus souvent permis d'arriver à des règlements négociés de litiges qui auraient pu autrement dégénérer en conflit. Que l'on arrive à un accord ou pas, on était certain d'être écouté.[13]

En plus de régler des problèmes, nous étions préoccupés par la satisfaction au travail. L'aménagement du temps de travail était un sujet sur lequel nous voulions ouvrir des débats; ce sujet touche particulièrement les femmes. Pour pouvoir nous prononcer sur la réduction des heures de travail au congrès de la FTQ, nous avons distribué un questionnaire aux membres.

Sur 200 répondants, 170 estimaient que la réduction du temps de travail est un objectif que devrait viser la société, et plus particulièrement le mouvement syndical. La moitié acceptait que la réduction du temps de travail sur une base volontaire puisse se faire avec une baisse de salaire, alors que l'autre moitié n'acceptait pas de baisse de salaire. Les aménagements concrets qui ont été privilégiés étaient d'abord de travailler 32 heures pendant quatre jours (payé pour 32 heures), ensuite de travailler 35 heures pendant quatre jours et finalement l'horaire variable (garder le même nombre d'heures en étant plus flexible sur les heures d'arrivée et de départ).

---

[13] «Bilan annuel: exécutif», Le P'tit soutien, vol. 1, numéro 14, 16 mai 1983, p. 4.

LES TOURNÉES

Les membres ne viennent au syndicat que lorsqu'ils ont des problèmes. J'ai pensé qu'une tournée sur les lieux de travail permettrait de les rencontrer en situation ordinaire. Nous téléphonions aux gens pour leur dire que nous aimerions leur rendre visite, que nous projetions aussi de produire des articles pour le journal du syndicat. Plusieurs semblaient surpris: «Vous allez venir nous voir!» Les syndiqués s'exprimaient beaucoup, nous faisaient visiter leurs locaux, nous montraient les équipements et les productions. La plupart aiment parler de leurs expériences comme travailleurs, même quand elles se révèlent difficiles.

En plus d'être extrêmement enrichissantes sur le plan humain, ces tournées m'ont fourni une information précieuse. En me promenant à travers les laboratoires, les ateliers et les bureaux, j'ai connu les personnes que je devais représenter, j'ai su ce qu'elles pensaient du syndicat. Quand l'un de ceux que j'avais rencontrés dans les tournées venait me consulter, c'était tellement plus facile. Résumer les articles parus dans Le Soutien permet d'exprimer l'essentiel des tournées[14].

---

[14] Les citations de ce chapitre sont tirées de:
«Les hommes en bleu et les femmes en blanc dans l'UQAM», Le Soutien, vol. 6, numéro 3, février 1982, p. 2-9;
«Les techniciens et techniciennes dans l'UQAM», Le Soutien, vol. 6, numéro 4, avril 1982, p. 13-23;
«Les professionnel(le)s dans l'UQAM», Le nouveau Soutien, vol. 7, no. 2, mars 1983, p.13-19;
«Les surnuméraires-remplaçants-temporaires ou travailler sans statut», Le nouveau Soutien, vol. 7, numéro 4, novembre 1982, p. 11-18.

A- Les gens des métiers-services

Les gens des métiers-services ont été les premiers visités. Les hommes de métiers, comme les techniciens, semblent plus heureux au travail que les professionnels et le personnel de bureau. On trouve chez les ouvriers spécialisés quelque chose qui existe moins ailleurs: la fierté du métier, la conscience de l'interdépendance des fonctions, la recherche de l'appareillage adéquat. J'ai entendu les hommes dire: «Mon métier, je l'aime.»— «Les métiers vont ensemble, les hommes doivent travailler ensemble.»— «On est aussi bien équipé que dans le privé, on peut réaliser des choses aussi bonnes.» Ils ont du tangible dans les mains.

Chez les intellectuels, l'encombrement d'un bureau se veut le symbole d'une activité intense. Les employés des métiers-services ne s'entourent que de ce dont ils ont besoin. Les façons de ranger le matériel sont méthodiques pour permettre à chacun de s'y retrouver. Ils travaillent en équipe, tout en tenant à ce que leur spécialité soit respectée. Ils ont une approche concrète: face à un problème, ils trouvent une solution, ils l'essaient, examinent les résultats, cherchent autre chose si cela ne fonctionne pas.

Plusieurs facteurs contribuent à la cohésion dans ce secteur, dont l'égalité salariale. Ici, contrairement à ce qui se passe dans les autres secteurs, peu importe l'expérience, à travail égal salaire égal. Dans les relations interpersonnelles, ils s'engueulent parfois, ils s'ignorent parfois, mais un grand nombre se disent ce qu'ils ont à se dire. Ils n'aiment pas du tout les patrons qui effectuent sans arrêt des chambardements, qui ne savent pas diriger les opérations, qui font preuve d'arbitraire. Quand ils sont convaincus qu'il se passe quelque chose d'irrégulier, ils auraient tendance à ralentir le travail plutôt qu'à déposer un grief: tout ce qui est bureaucratie (syndicale ou autre) les rebute. Leurs revendications sont toujours très concrètes: uniformes, primes, etc. Ils aimeraient obtenir une réponse sur-le-champ.

Les employés des métiers-services ont souvent travaillé dans le secteur privé ou ils le connaissent. Ils trouvent important d'être membres d'un syndicat: «On est protégé, je l'étais beaucoup moins dans mon ancienne entreprise.» Ils sont les seuls à utiliser le mot «union» pour parler du syndicat. Quand j'ai été élue, un concierge m'a tapé sur l'épaule: «Comme ça, c'est toi Ginette qui est devenue présidente de l'union.» Ce mot me rappelle le quartier où j'ai grandi et l'histoire du mouvement ouvrier au Québec.

On sent cependant que les métiers-services craignent autant de se faire organiser par les bureaucrates et les idéologues syndicaux que par les patrons. Ils ont été les plus actifs au départ puis ils ont abandonné. Ils ne se reconnaissent pas dans le SEUQAM, dans son fonctionnement; le code Morin et les micros les rendent mal à l'aise. Les différences entre les secteurs déteignent sur la vie syndicale. Les gens des métiers-services sont éloignés physiquement des autres (ils habitent les sous-sols); ils ont des horaires de travail différents et plus longs; ils ont le salaire moyen le moins élevé.

Les gens des métiers-services ont délaissé les assemblées générales, le conseil syndical et les comités. Par contre, ils ont toujours gardé un contact direct avec leur directeur de secteur et leurs poteaux (ceux qui distribuent l'information sans assister aux réunions). Ils ont toujours quorum dans leurs réunions de secteur. Leurs assemblées sont différentes de celles d'ailleurs. Les hommes sont en uniforme, ils arrivent par bandes, en parlant fort et en riant. Quand la réunion commence, on entendrait voler une mouche; ils se remettent tous à jaser dans les temps morts. Sur les différents points à l'ordre du jour, quelques brèves interventions des leaders, puis le vote; ils se sont fait une idée avant la réunion. Tout est terminé en moins d'une heure.

Pour un président qui s'en donne la peine et qui passe par-dessus l'image bourrue qu'ils projettent, pour une présidente qui compose avec leurs manifestations de «virilité», les contacts avec les gens de ce secteur sont faciles. Ils se présentent en «gang» au syndicat et exposent le problème en parlant tous en même temps et en discutant entre eux. À la fin, le président a très bien compris, et ils se sont entendus sur une proposition à présenter au Service du personnel.

Nous avons voulu redonner à ce secteur la place qu'il doit occuper au SEUQAM. Nous étions convaincus que son retour aurait tranformé les débats. À défaut d'avoir pu sortir du syndicalisme excessivement intellectuel, nous avons multiplié les occasions de rassemblement, les fêtes, les rencontres sportives... Les gens des métiers-services ont répondu massivement. Ils avaient d'ailleurs toujours été là quand on avait besoin d'une ligne de piquetage ou d'une clef anglaise. Quelques-uns avaient pensé quitter le SEUQAM pour former une section locale à part; à l'automne 1982, ils ont accepté de donner une autre chance au SEUQAM.

B- Les techniciens

Le secteur technique a des traits communs avec celui des métiers. Les gens sont fiers d'être techniciens, ils utilisent des appareils, les productions sont concrètes. Il y a cependant beaucoup moins de cohésion, le cloisonnement est total entre les différents groupes de techniciens.

Certaines techniciennes préparent les laboratoires d'enseignement en biologie, c'est-à-dire le matériel vivant (plantes, bactéries), les solutions et la verrerie (contenants, éprouvettes). Il y a des animaux partout dans leurs locaux, une collection d'oiseaux empaillés, des bébés requins qui attendent d'être disséqués. Comme la population étudiante augmente, et que tout est dispersé entre le troisième sous-sol et le septième étage, les techniciennes courent constamment.

Les techniciens de chimie manipulent des substances toxiques. Ils consacrent beaucoup de temps à mettre au point des instruments impressionnants. Ils expliquent aux étudiants le fonctionnement des appareils. «On sort aussi la moppe pour éponger les dégâts d'eau car s'il fallait attendre les concierges à minuit, les machines seraient endommagées.»

D'autres techniciens s'occupent du système de contrôle des pavillons. Ils interprètent les informations transmises par l'ordinateur et corrigent les problèmes qui surviennent: les alarmes d'incendie, les ascenseurs, la ventilation... Dans la salle de contrôle, c'est l'an 2000: d'interminables bandes de papier sortent de l'imprimante, et tous les changements se produisant dans l'édifice y sont inscrits.

Tout en croyant en l'importance de la technologie, les techniciens en connaissent les limites. Gens d'action, ils ont une approche pratique des problèmes. Ils identifient les améliorations à apporter et font des suggestions qui diminueraient les coûts: vendre des services à l'extérieur par exemple. Ils sont peu écoutés.

Le plan de carrière en préoccupe plusieurs: «Après un certain temps, on aimerait progresser.»— «On a beau enseigner aux cadres et aux professionnels qui arrivent ce qu'ils doivent faire, on ne pourra jamais être autre chose que technicien parce qu'on n'a pas le diplôme.» Certains techniciens posent aussi la question du pouvoir et de l'autorité: «On ne nous consulte jamais, on nous considère comme des robots.» — «Si tu as des professeurs derrière toi, tes projets seront acceptés. Sinon il n'y a rien à faire, ce sont eux qui sont pesants à l'UQAM.»

L'intérêt pour les réunions syndicales a beaucoup diminué dans le secteur technique. Les gens trouvent que c'est important un syndicat, mais ils le regardent fonctionner de loin. «Quand je tente d'inciter les membres du secteur technique à s'engager au syndicat, ils me répondent souvent que le syndicat, c'est juste l'affaire d'une petite gang ou qu'il faut beaucoup de gueule pour y faire passer ses idées.» Par contre, ils lisent l'information et sont prêts à fournir leurs commentaires. «Nous ne sommes pas allés à l'assemblée générale mais nous avions rempli le questionnaire sur l'avant-projet de convention collective.» Après ces tournées, nous nous sommes dit que des techniciens seraient prêts à donner un coup de main, ce qui s'est vérifié.

C- Les professionnels

Le secteur professionnel est le mien et celui des deux présidents qui m'ont succédé. Dans ce secteur, certaines spécialités impliquent un recyclage constant. À l'informatique, c'est le cas chaque fois que l'ordinateur ou les systèmes d'exploitation changent. Quelques membres de ce secteur ont de lourdes responsabilités. D'autres assurent la continuité de l'organisation des sessions, les directeurs de programme (des professeurs élus) changeant tous les deux ou quatre ans.

Les facteurs de satisfaction au travail se ressemblent d'un professionnel à l'autre. Ils parlent de direction démocratique du service, d'autonomie et de responsabilité, de diversité et de défi, ils veulent travailler à ce qu'ils aiment. Les contacts avec les usagers ou l'extérieur leur paraissent importants.

Les facteurs d'insatisfaction se ressemblent aussi. La bureaucratisation empire d'année en année: «Je suis enfoui sous la paperasse.» La mauvaise utilisation de leurs capacités et de ce qu'ils produisent vient au deuxième rang des insatisfactions. L'autoritarisme ou l'incompétence du cadre dont ils relèvent en amplifient la portée. «On nous utilise mal.»— «S'il fallait penser à ce que l'institution fait avec nos rapports, ce serait décourageant.» Au troisième rang vient l'isolement. Le groupe professionnel, le plus favorisé du SEUQAM, est frustré au travail.

Les professionnels ont souvent à coordonner des équipes d'autres syndiqués; par contre, ils ont plus ou moins de contrôle sur ce qu'ils font et n'exercent aucune influence sur les politiques institutionnelles. «Le produit fini me sert de stimulant. Heureusement, car je n'ai pas de contrôle sur les politiques du service. Il faut l'un ou l'autre, du contrôle sur ce qu'on fait ou du contrôle sur les idées et les orientations.» Comme les autres groupes du SEUQAM, les professionnels se comparent aux professeurs. «Le professeur est celui qui a toute l'admiration. Les professionnels sont des intervenants de seconde zone.»

122

Pour beaucoup de professionnels, l'UQAM n'est pas aussi populaire et innovatrice qu'elle le devrait. «Ce n'est que du marketing.» — «C'est quand je vais à l'Université de Montréal que je sens la différence. L'UQAM est plus populaire, la parole circule plus. Mais quand j'assiste ici à certains comités, je ne sens plus l'université populaire. Et encore moins quand j'entends parler qu'on organise à l'UQAM un très sérieux colloque sur le thème: l'enseignement de la recherche ou l'enseignement par la recherche. Qui a encore du temps et de l'argent à dépenser à de telles questions? De plus, j'estime que la qualité de l'enseignement universitaire laisse souvent à désirer. Les populations ne se plaignent pas car elles ont besoin du diplôme.»

Même si beaucoup de professionnels identifient les enjeux politiques et les lacunes de fonctionnement, ils ne veulent pas se compromettre. Le secteur professionnel est le seul où des personnes ont demandé qu'on n'écrive pas dans les articles ce qu'elles avaient raconté. «On pourrait m'identifier ou identifier mon service.» Pourquoi ce désir d'éviter à tout prix les polémiques, ce refus de se battre pour des changements? D'abord, les professionnels sont souvent seuls dans leurs dossiers et donc affaiblis. Ensuite, ils doivent travailler quotidiennement avec ceux qui détiennent le pouvoir, professeurs et cadres, et ne veulent pas se les mettre à dos. En effet, ils seront longtemps au poste qu'ils occupent, car il n'y a aucune mobilité chez eux. «Si, dans les rapports que tu produis, tu heurtes quelqu'un en haut lieu, tu auras des problèmes.»

Mais plusieurs se taisent autant par intérêt que par crainte. Les professionnels font fonctionner l'institution; en échange, l'UQAM leur accorde une partie des privilèges réservés aux professeurs. Si ce secteur développait sa force collective, il pourrait l'utiliser pour améliorer le sort des plus mal nantis du SEUQAM et pour maintenir à l'UQAM les principes qui devaient la guider.

Les professionnels comptent quelques-uns des militants les plus engagés au SEUQAM. Un bon nombre ne sont ni pour ni contre, ils n'ont pas besoin de l'organisation. Les plus conscientisés souhaiteraient plus d'engagement: «Qu'est-ce qu'on fait pour la communauté syndicale? On profite de la force du syndicat tout en se gardant les coudées franches comme professionnels.»

D- Les employés à statut précaire

Je termine par les employés à statut précaire (surnuméraires-remplaçants-temporaires), ces laissés pour compte au SEUQAM. Ce ne sont que rarement des jeunes qui viennent de terminer leurs études.

Être surnuméraire, c'est vivre dans une insécurité perpétuelle. Aucune planification de vie n'est possible: «Je gage que je travaillerai assez longtemps pour recevoir de l'assurance-chômage. Je gage tout le temps.» Être surnuméraire, c'est se sentir dévalorisé. Comme salariés de l'UQAM et comme syndiqués, les surnuméraires sont traités différemment. «On est du cheap labor, c'est aussi pire que dans l'industrie privée.» — «On est toujours sur la corde raide, on doit faire plus et mieux que les autres pour toujours se retrouver devant rien.» Plusieurs aiment se promener d'une unité de travail à une autre, cela leur permet entre autres de se sortir des endroits à problèmes. Mais ils veulent un poste régulier pour les avantages et la considération.

Même des syndiqués du SEUQAM traitent les surnuméraires en inférieurs. C'est au secteur bureau que ce comportement se manifeste surtout, comme si des secrétaires étaient portées à faire subir à des surnuméraires les brimades qui leur sont infligées à elles-mêmes. «Que tu sois là depuis des mois, tu restes toujours LA surnuméraire. Parfois on ne t'appelle même pas par ton prénom, on dit LA surnuméraire.»— «On veut te refiler ce que personne n'a le goût de faire.» Dans les autres secteurs, la situation semble meilleure. Mais c'est une question d'interdépendance dans la tâche quotidienne beaucoup plus que d'un sentiment d'appartenance au même syndicat. «Les réguliers se battent pour les occasionnels avec lesquels ils travaillent, mais quand ils ne connaissent pas le surnuméraire, c'est autre chose.»

Les revendications des surnuméraires sont multiples. Ils souhaitent avoir la priorité sur les personnes de l'extérieur lors d'une ouverture de poste. Ils demandent des congés de maladie payés comme les autres, estimant que ce n'est pas parce qu'ils sont occasionnels qu'ils sont à l'abri des grippes. Leurs perceptions du syndicat ne sont pas positives. «On dirait que les réguliers veulent tout garder pour eux autres. Ils ne font rien de concret pour nous appuyer dans nos demandes.» Il existe des conflits d'intérêts évidents entre les réguliers et les occasionnels. Par exemple, un surnuméraire veut conserver le plus longtemps possible un poste de catégorie supérieure qui lui plaît parce qu'il n'a aucune chance de l'obtenir s'il est affiché, les réguliers passant avant lui. «Tu as beau avoir travaillé fort, une permanente aura le poste.»

L'article publié dans le journal syndical a sensibilisé des réguliers. L'assemblée générale a diminué de moitié les cotisations des employés à statut précaire, puisque ces derniers ne bénéficient pas des mêmes avantages. Le comité de négociation s'est beaucoup préoccupé de leurs revendications et a obtenu pour eux la reconnaissance de l'ancienneté et des journées de maladie. Les surnuméraires en ont été agréablement surpris.

Nous n'avons malheureusement pas eu le temps de visiter le secteur bureau. C'est notre secteur numériquement le plus gros et il est composé à plus de 90% de femmes. Les employées de bureau assurent le roulement de base de l'université: inscriptions, perception des frais de scolarité, dactylographie des notes de cours... Leur rôle est essentiel mais malheureusement peu valorisé. L'ennui et le manque de satisfaction au travail sont endémiques dans ce secteur. Les employées travaillent généralement dans des espaces ouverts: tout se voit et se sait, les rumeurs circulent rapidement. Les tensions sont ainsi amplifiées partout où elles existent.

L'indifférence du personnel de bureau vis-à-vis de la réalité syndicale est plus marquée que dans les autres secteurs: les assemblées sans quorum ne s'y comptent plus, ce qui est rare ailleurs. Les syndiquées de bureau ont pourtant été au centre des moyens de pression et ont mené à bien l'opération de boycottage téléphonique (dans laquelle chacune était facilement identifiable). Des personnes extrêmement efficaces dans leur travail refusent un poste syndical, se disant incapables de l'assumer. Depuis toujours, les syndiquées ne se reconnaissent pas dans le discours très «idéologisé» tenu dans ce secteur. Elles le manifestent par leur absence aux assemblées traditionnelles et par leur participation à d'autres formes d'activités. Je regrette de ne pouvoir mieux décrire la réalité de ce secteur. Occuper la présidence permet de voir les problèmes mais ne permet pas de percevoir le quotidien dans ses multiples facettes.

Les articles ont intéressé les membres. Ils ont pris la peine de nous transmettre leurs commentaires. «J'ignorais combien nous étions et ce que faisaient les autres.» Et cette lettre que j'ai relue souvent:

> Félicitations pour le dernier numéro du Soutien: il y a longtemps qu'on en avait vu de si vivant, de si près des gens. (...) Il est grand temps qu'on apprenne à se connaître un peu mieux: ça crée des liens, et quand les gens sont solidaires, ils sont plus forts pour réagir collectivement.

Plusieurs des personnes rencontrées lors des tournées revenaient faire un tour aux assemblées. Cela ne durait pas. Pour les garder, il aurait sans doute fallu retourner les voir régulièrement et changer le style des assemblées.

DES OCCASIONS DE RENCONTRE ET D'ÉCHANGE

Depuis que l'UQAM est devenue une petite ville, les syndiqués du SEUQAM ne se parlent qu'au téléphone. Il n'y a qu'une chose à faire pour créer une dynamique de groupe: rassembler les gens. Il y avait déjà eu des fêtes au SEUQAM et c'était apprécié, mais la tradition s'était perdue. Nous avons voulu multiplier et diversifier les formules de rencontre pour atteindre le plus de gens possible. Je rêvais que la fête vienne des gens, qu'ils en inventent en dehors des connues, qu'ils apportent leurs instruments de musique, que les boute-en-train animent des sous-groupes. Cela se produit parfois dans le temps de Noël, mais seulement à l'intérieur de certaines unités de travail, jamais parmi l'ensemble des employés.

À Noël 1981, nous espérions au mieux cent personnes au «party», il en est venu le double. L'atmosphère était joyeuse. Les employés des différents pavillons et des différents secteurs se revoyaient et s'entremêlaient. Nous avons aussi organisé une fête de fin d'année académique. En juin 1982, nous nous sommes installés dans la cour intérieure de l'UQAM. L'année suivante, ce fut un pique-nique communautaire et l'initiation des nouveaux de l'exécutif. Il a fallu acheter cinq gallons de crème glacée pour des cornets, 350 petits pains et 60 livres de viandes froides tranchées très mince, car les 300 personnes qui avaient annoncé leur présence sont toutes venues. Les membres de l'exécutif ont eu à prouver qu'ils étaient aptes à exercer leurs fonctions en participant à une compétition: se trouver un partenaire dans la salle pour un charleston, brocher des tracts... Les anciens de l'exécutif ont donné à leurs successeurs quelques-uns des cheveux blancs qui leur avaient poussé pendant leur mandat.

Nous avons souligné la Journée internationale des femmes, le 8 mars. En 1982, nous avons distribué un annuaire de services pour les femmes et …des fleurs. Partout, la première réaction a été la surprise, comme si un syndicat et des fleurs n'allaient pas ensemble. «Vous m'en donnez, pourtant je suis un homme.» Mille oeillets rouges sur les bureaux font beaucoup de couleur. Nous avons commencé à placer l'un de nos congés mobiles autour du 8 mars. Nos membres l'ont décidé lors d'un sondage. Les représentants des professeurs avaient d'abord accepté; ils ont émis des objections quand ils se sont rendu compte que lorsque nous ne sommes pas dans les laboratoires, les bibliothèques et les caféterias, le haut savoir ne peut être dispensé. Certains ne semblaient pas s'en être aperçus avant. J'en ai profité pour parler aux membres de l'importance de notre rôle. «C'est bien vrai, on met tellement l'emphase ici sur la recherche, les sociétés savantes, les études avancées que nous ne nous rendons même plus compte que, sans nous, la boîte est paralysée» m'ont dit plusieurs.

Lors de la fête des Travailleurs, le premier mai, nous avons remis des prix Orange à des patrons qui assurent un climat de travail remarquable. Nous avons lancé un grand concours dans le journal pour les trouver. Nous ne pensions qu'aux cadres. Or des syndiqués nous ont aussi fait parvenir des noms de professeurs… Ils étaient plus conscients que nous de la structure de pouvoir à l'UQAM! Nous avions voulu quelque chose de drôle, ce fut aussi émouvant. Des groupes de syndiqués entouraient un patron aimé. Des femmes du secteur bureau qu'on ne voit jamais dans les rassemblements syndicaux étaient là avec leur équipe de travail pour soutenir leur candidat. Nous avions oublié de demander aux syndiqués d'annoncer leur présence et nous avons dû nous partager les rares branches de céleri et les sandwiches encore plus rares.

Nos membres répondent en grand nombre à nos invitations et ils nous disent que nous devrions organiser des fêtes plus souvent. Les gens des métiers-services sont ceux qui les apprécient le plus et qui y assistent proportionnellement le plus. Nous n'avons pas encore terminé la décoration qu'ils se présentent à la porte: «On peux-tu faire quelque chose pour vous aider?» Ce sont eux qui ont mis sur pied un tournoi interuniversitaire de ballon-balai, et ils forment presque essentiellement notre équipe, les Glorieux.

Planifier et s'organiser de façon à ce qu'il n'y ait pas d'accrocs demande du temps et de l'énergie, mais c'est «le fun». Nous utilisons beaucoup l'humour, nous soulignons toutes les raisons que nous avons de fêter. Nos invitations sont toujours attirantes. Nous avons pris l'habitude de commander d'immmenses gâteaux et de les faire décorer selon le thème retenu; ils sont tantôt chandail de ballon-balai, tantôt macaron du premier mai, tantôt orange.

Une fois, nous avons hésité jusqu'à la dernière minute pour décider si nous faisions la fête à l'intérieur ou à l'extérieur. Des membres du SEUQAM regardaient aux fenêtres, les uns affirmant qu'il ne pleuvrait pas, les autres qu'il ne fallait pas prendre le risque. Un employé qui travaillait sur le toit disait que c'était clair vers la rue Sherbrooke mais gris foncé vers Dorchester. Nous avons compté les pour et les contre, nous avons opté pour l'intérieur. Ceux qui y étaient se souviendront longtemps de cet avant-midi.

Il faut aussi animer la foule. Au SEUQAM, une technicienne qui s'appelle Normande est d'office maître de cérémonie, chef d'orchestre, invitée-surprise. Elle adore se déguiser et préparer des mises en scène. Elle réussit à faire rire les gens, à les faire chanter, elle transmet sa belle folie. Si elle n'était pas là, il faudrait trouver un autre animateur de grand groupe et ça ne court pas les rues. Nos syndiqués nous donnent aussi un solide coup de main. Que nous ayons besoin de tester un système de son ou d'arrêter une fontaine, nous avons les spécialistes sous la main: ils font partie du SEUQAM. À ces moments-là, nous apprécions encore plus que notre syndicat compte quatre secteurs.

Il doit aussi exister une vie de groupe dans les unités de travail et les pavillons. Nous avons invité les gens à se réunir à l'occasion. «Il s'agit que l'un prenne l'initiative et que les autres collaborent à la préparation et participent. Si vous avez besoin de quelque chose pour l'organisation, vous appelez le SEUQAM.»[15] Au Pavillon Lafontaine, une déléguée fait déjeuner ensemble les gens de son service; elle sort ses pots de confiture maison et les autres apportent des croissants ou des gâteaux. Au Pavillon Carré Phillips, un retraité pour qui une fête avait été organisée s'est exclamé: «C'est le plus beau jour de ma vie!» Mais l'animation locale ne marche pas aussi fort que nous le souhaiterions, même pas du tout dans plusieurs pavillons.

---

[15] Tract, «Ensemble pour s'en sortir», SEUQAM, 22 avril 1982.

UNE INFORMATION PLUS PROCHE DES GENS

Un problème de coordination de l'information existait: rien en provenance du syndicat durant un certain temps puis une avalanche de tracts émis par les différents comités. Plusieurs membres étaient alors tentés de tout jeter à la poubelle. Nous avons créé le P'tit Soutien, un bulletin qui paraît aux deux semaines environ. Les membres et les délégués ont tout de suite apprécié la formule.

Nous avions aussi un journal qui paraissait trois fois par année. Des sondages avaient révélé que les membres le souhaitaient plus proche de leurs préoccupations. L'équipe du comité d'information était décidée à produire un journal qui serait lu et elle y est arrivée. Le gros Soutien est devenu Le nouveau Soutien. Les numéros produits sont beaux: ils sont en couleur et contiennent des photos, des dessins. Des chroniques ont commencé à paraître: «Mieux connaître le SEU-QAM», «Bonjour aux nouveaux syndiqués», «Vieillir à l'UQAM», «Bizarre, bizarre!!!», «5 heures!… et puis après», «Nouvelles syndicales d'ailleurs», banque de services, choses gratuites à faire.

Le nouveau Soutien est un journal où l'on parle beaucoup des syndiqués du SEUQAM et où on les voit en photo. «5 heures!… et puis après» raconte ce qu'ils font durant leurs moments de loisirs. Dans «Vieillir à l'UQAM», une syndiquée s'est exprimée de façon touchante.

Aujourd'hui la société est suffisamment riche et spécialisée qu'elle peut se permettre des «zoos humanitaires» en parquant les handicapés mentaux et les vieillards supposément inutiles dans le système de production. (...) Comment peut-on remédier à cet état de fait? Il faudrait changer, je crois, la société toute entière, en inventer une autre avec d'autres valeurs. Ceux qui «sont dans le coup», qui ont des cellules neuves, qui ont l'impression de participer activement à la production, ne savent pas qu'ils préparent eux-mêmes leur destin implacable de «futur inutile». Protéger, respecter les aîné(e)s, est-ce que ça ne serait pas se protéger soi-même? Ne parlons pas d'AMOUR puisque paraît-il on naît, on vit et l'on meurt seul au monde, mais nous sommes tous un TOUT et chaque fois que nous endommageons l'un de nous, nous nous endommageons nous mêmes.[16]

Le mot du président sert d'éditorial. Je reproduis presque intégralement un très beau texte sur la participation syndicale écrit par celui qui m'a suivie à la présidence.

Dès le départ, j'ai été frappé par le peu de sentiment d'appartenance manifesté par les membres vis-à-vis leur syndicat. «VOUS AUTRES AU SYNDICAT, vous devriez...» — «Qu'est-ce que le Syndicat va faire?» — «Allez-vous voter la grève?» Autant de remarques provenant de membres, d'un nombre encore trop élevé de membres. (...) C'est un signe que ces membres se voient comme étant à l'extérieur du syndicat. Le syndicat est d'abord vu comme pourvoyeur de services auquel on fait appel quand on a un problème et c'est pour cela que l'on paie des cotisations. De plus, pour certains, le syndicat n'est pas perçu comme outil collectif de changement, c'est plutôt le contraire. «On n'en parlera pas au syndicat, ça va nous compliquer la vie.» Le syndicat apparaît presque comme un empêcheur de tourner en rond qui interdit au gros bon sens de s'exprimer.

Cela fait tellement longtemps qu'à peu près les mêmes personnes occupent des postes dans la structure syndicale que l'on

---

[16] Marie-Thérèse Bellier, «Vieillir à l'UQAM» dans Le nouveau Soutien, vol. 7, numéro 4, novembre 1982, p. 10.

se dit que toute la place est prise, qu'il ne reste pas d'espace pour que s'expriment les «membres ordinaires». Et pourtant, c'est la réunion des membres ordinaires qui constitue le syndicat, et les positions prises par la structure syndicale doivent refléter (au moins minimalement) celles de la majorité des membres.

(...) La structure syndicale (l'exécutif, les comités, le conseil syndical) doit certainement avoir un rôle de sensibilisation, d'orientation des réflexions et des décisions des membres. Mais elle doit le faire à partir de l'analyse la plus juste possible de la réalité et des idéaux syndicaux et non pas des options individuelles ou politiques des militants. (...)

Il me semble que c'est une bonne méthode pour que nous entendions: «NOUS AUTRES, COMME SYNDICAT, nous pourrions...» Nous n'aurions pas seulement changé un symptôme, nous aurions pris conscience de nos possibilités: notre force collective ne peut s'exprimer que si, dans les faits, nous formons une collectivité.[17]

Le mot du président permet à celui-ci de sortir du rôle et de se faire connaître comme personne.

L'expérience a été extrêmement précieuse. J'ai retrouvé une intensité de vie dont j'avais oublié l'existence. J'ai commencé l'année en cactus, je la termine en autre chose: plus de sensibilité et d'ouverture à autrui, mais plus de réalisme aussi.[18]

L'UQAM est notre milieu de travail, nous voulons informer nos membres sur des irrégularités dans l'institution, des cas de favoritisme, des choses bizarres, bizarres... Nous avons pensé que les faire largement connaître serait la meilleure façon d'empêcher que ces situations ne se reproduisent. En contrepartie, il nous faut souligner les gestes positifs de l'administration. C'est ce que nous avons fait quand l'UQAM a régu-

---

[17] Pierre Cormier, «Le mot du président» dans Le nouveau Soutien, vol. 7, numéro 2, mars 1983, p. 3.
[18] Pierre Cormier, «Le mot du président» dans Le nouveau Soutien, vol. 7, numéro 3, juin 1983, p. 3.

larisé des postes auxquels elle embauchait des surnuméraires depuis des années.

Nous voulons aussi obliger l'UQAM à encourager chez ses cadres un style de gestion basé sur la discussion. Nous avons reçu de la part de nos syndiqués des témoignages qui démontrent la possibilité de coordonner des équipes à la satisfaction générale. Une candidature pour le prix orange devait être justifiée et signée par des syndiqués; en voici un exemple:

> Il crée une atmosphère transcendantale à la bibliothèque. Il donne le goût à ses employé(e)s de s'impliquer et de travailler. Il ne craint pas de venir donner un coup de main quand on en a bien besoin. Il laisse les surnuméraires prendre des responsabilités. Son humour est apprécié. Il a une attitude correcte à l'égard du syndicat.

Nous avons mis en évidence les cadres autoritaires, méprisants ou malhonnêtes. Nous avons créé un «Coin des cadres» pour expliquer ce que nous leur reprochions. Dans au moins deux cas, cela a produit des résultats.

LA PRISE DE DÉCISION

Les tournées et les fêtes permettent de discuter avec les membres et de savoir ce qu'ils pensent. Cela n'assure pas que l'appareil syndical s'oriente selon les tendances de la majorité.

A- Le rôle du délégué

Au SEUQAM, le conseil syndical est décisionnel et l'exécutif doit y faire entériner toutes ses décisions ou presque. Les membres des comités et les délégués forment le conseil syndical. Les premiers ne sont pas élus pour représenter un groupe de personnes mais pour jouer un rôle d'experts. Ils ne peuvent donc voter qu'en leur nom personnel, ou encore selon ce qu'ils pensent devoir voter en tant que leaders syndicaux. Les délégués représentent en théorie des groupes de syndiqués. Mais ils étaient peu nombreux par rapport aux membres des comités (moins du tiers) et ils n'étaient pas élus, leur candidature étant ratifiée par deux syndiqués. En tout cas, ils n'étaient pas habitués à consulter leur base avant de prendre une décision importante au conseil. Le conseil syndical n'était pas représentatif de la majorité. Quant à l'assemblée générale, peu de membres y assistaient. Les militants s'y retrouvaient souvent entre eux et entérinaient les positions qu'ils avaient eux-mêmes prises en conseil syndical.

Peu après mon arrivée, j'ai suggéré de modifier la composition du conseil syndical afin que seuls les délégués élus aient le droit de vote. J'ai abdiqué sur cette question au bout de trois mois de débats au conseil. Il m'aurait fallu trouver une façon de sortir du cul-de-sac juridique: pour changer la

135

composition du conseil syndical, il faut modifier les statuts et règlements; or une modification aux statuts ne peut être présentée à l'assemblée générale que si le conseil syndical la recommande aux deux tiers!

Nous avons mis nos énergies plutôt à nous assurer que des délégués soient élus partout. Nous avons déterminé des regroupements géographiques pour qu'un délégué représente une vingtaine de syndiqués de son milieu de travail. Les élections ont eu lieu. Nous avons accueilli les délégués par un dîner communautaire; ils ont pu se connaître et être informés sur le syndicat et leur rôle. Pour les garder, il fallait que les conseils syndicaux soient intéressants et d'une durée raisonnable. Il fallait aussi les soutenir: leur rôle est difficile et souvent ingrat.

Les ordres du jour du conseil syndical ont été moins chargés et des ateliers de discussion en petits groupes ont été mis sur pied, ce qui a permis aux nouveaux délégués de s'exprimer au moins un peu. Les négociations ont malheureusement fini par prendre beaucoup de place. Les délégués n'ont pas éclairci suffisamment leur rôle et plusieurs se sont mis à voter en leur nom propre ou selon ce qu'ils pensaient devoir voter en tant que leaders syndicaux. D'autres ont démissionné à cause des tensions de la tâche.

Dans son bilan annuel aux membres, l'exécutif en faisait le constat:

> Les derniers conseils syndicaux ont vu réapparaître des symptômes signalés par l'ancienne présidente l'année dernière: la parole est monopolisée, des interventions ne font rien avancer, le conseil n'est pas représentatif... Nous n'avons pas su maintenir les ateliers de discussion en petits groupes qui avaient produit des résultats concrets. Nous n'avons pas réussi non plus à maintenir auprès des délégués un encadrement qui leur aurait permis de conserver leur dynamisme malgré l'essoufflement des négociations, et de mieux comprendre leur rôle: les délégués sont essentiels, nous ne leur avons pas suffisamment démontré.[19]

---

[19] «Bilan annuel: exécutif», Le P'tit Soutien, vol. 1, numéro 14, 16 mai 1983, p. 2-3.

136

La leçon a porté. L'année suivante, nous avons organisé la campagne d'élection des délégués sur le thème: «Cette année, c'est à mon tour d'aller donner un coup de main.» Nous avons préparé un accueil plus étoffé. Les délégués ont exprimé leurs inquiétudes et leurs motivations; nous leur avons expliqué le jargon, nous leur avons fourni des jalons pour se retrouver dans la convention collective.

Michel, le président de l'époque, a rédigé un texte éloquent pour que les délégués sachent l'importance que l'exécutif accordait à la démocratie de représentation.

> Il peut arriver que les membres d'un même milieu de travail soient divisés sur une question importante. Le délégué, après avoir constaté qu'il en est ainsi, doit manifester une attitude de respect pour les différentes positions, ce qui inspirera à tous la même attitude, au-delà des divergences de point de vue.
>
> Le délégué doit se préoccuper de connaître l'opinion de ses membres et de la représenter le plus fidèlement possible, par exemple lors des discussions en conseil syndical. Évidemment, il a aussi un point de vue qu'il peut et doit faire valoir. Mais au moment de se prononcer en conseil, il a à voter comme l'aurait fait sa majorité.[20]

Nous avons également fait des suggestions aux délégués afin qu'ils puissent plus facilement recueillir les opinions de leurs membres et leur transmettre les décisions prises: faire circuler une feuille de sondage, réunir les gens lors d'une pause café, les consulter individuellement en distribuant l'information.

Pour la deuxième année d'affilée, les négociations ont pris beaucoup de place et les délégués n'ont pas reçu de soutien réel.

B- La consultation des membres

Nous avons également voulu que les membres décident directement d'un plus grand nombre de questions pratiques et

---

[20] Aide-mémoire du délégué syndical, SEUQAM, septembre 1983, p. 5.

d'orientations. Un sondage avait permis aux syndiqués qui assistaient aux assemblées générales de nous expliquer pourquoi ils ne les appréciaient pas: manque d'efficacité, interventions répétitives, toujours les mêmes se succédant au micro. Nous avons raccourci les assemblées mais nous n'en avons pas fondamentalement modifié le style. Il n'y venait que la soixantaine de personnes habituelles et nous ne savons pas si un changement de style y aurait amené plus de monde.

Nous avons aussi tenu des réunions décentralisées dans chacun des pavillons et nous avons organisé des consultations par questionnaire. Ces formules de consultation ont toujours mieux fonctionné parce que les sujets choisis intéressaient les membres. Les gens assistent en bien plus grand nombre aux réunions pavillonnaires qu'aux assemblées générales parce qu'ils n'ont pas à se déplacer et se sentent plus à l'aise pour intervenir dans un petit groupe. Des groupes se sont aussi prononcés sur des questions les concernant spécifiquement.

Il est encore plus difficile d'associer les membres à la détermination des orientations du syndicat. On ne répond pas à ces questions par un oui ou par un non, il n'y a pas une seule bonne réponse mais plutôt une suite de réflexions. Les membres ne sont pas habitués à ce qu'on leur demande de réfléchir à ces questions, ils ne perçoivent pas cela comme faisant partie de leur rôle. J'ai tenté l'expérience à partir d'un texte de priorités à établir au SEUQAM. Les gens ont été étonnés de se voir transmettre par la présidente un bilan critique du fonctionnement du syndicat et des suggestions de priorités. Ils ont semblé apprécier le geste, mais ils n'ont presque pas fourni de commentaires sur le fond.

LES VOTES DE GRÈVE

À l'automne de 1982, nous étions en période de négociation pour le renouvellement de la convention collective. Nous avions peu de demandes (sauf pour les salariés à statut précaire), mais la partie patronale voulait offrir nettement moins que ce nous avions déja. À cause du contexte politique et des coupures salariales subies, nos membres étaient peu attirés par la grève illimitée. Nous ne voulions pas forcer les syndiqués à aller où ils ne voulaient pas aller. Il fallait que le tout soit une opération politique dans laquelle les membres manifesteraient concrètement leurs réactions face aux offres patronales, pas seulement une opération technique menée par des négociateurs. La négociation ne devait pas prendre toute la place, la vie quotidienne devait continuer.

Nous visions à fournir à nos membres l'information la plus complète possible, en racontant ce qui se passait aux tables et en établissant un dialogue entre les gens du comité de négociation et les membres par le biais de tournées pavillonnaires. Il est difficile de rendre compte du déroulement d'une négociation. Les aspects structurels sont complexes et les points en litige souvent techniques. Tout au long du processus, des syndiqués qui ne s'y étaient pas intéressés se réveillent, ce qui oblige à redonner et redonner encore certaines informations. Ajoutons qu'il ne se passait rien aux tables alors que les déclarations gouvernementales se multipliaient, ce qui entraînait une foule de questions chez nos membres. Malgré nos efforts, nos syndiqués nageaient dans la confusion.

Le premier élément d'information consistait à expliquer et réexpliquer les structures.

> — Nous faisons partie du cartel du soutien universitaire qui comporte trois niveaux de tables: locale, réseau et sectorielle.

> — La table réseau regroupe les syndicats de soutien du Réseau de l'Université du Québec: UQAM, UQTR, UQAC, UQAR, Téluq, Institut Armand-Frappier (deux syndicats à cet endroit). Il y a 7 votes à la table réseau, un par syndicat, peu importe le nombre de syndiqués représentés.

> — La table sectorielle comprend, en plus des syndicats du Réseau, l'Université Laval (1 syndicat), l'Université de Montréal (3 syndicats), McGill (3 syndicats), Concordia (1 syndicat), Polytechnique (3 syndicats). Il y a 18 votes à cette table. Ces 18 syndicats appartiennent à l'une des trois grandes centrales: CSN, FTQ ou CEQ.

> — Aux tables, une proposition doit être adoptée aux trois quarts, ce qui veut dire que 6 syndicats du Réseau et 14 du sectoriel doivent être d'accord pour qu'une résolution soit adoptée.

> — Le protocole de fonctionnement oblige les comités de négociation de chaque syndicat à présenter à leur assemblée générale les propositions adoptées aux tables, qu'ils aient voté pour ou contre.

> — Non, ce cartel universitaire n'a pas adhéré au Front commun des employés de l'État dont on parle constamment dans les journaux. Nous ne faisons pas partie de la fonction publique (les fonctionnaires) ni du parapublic (les enseignants des commissions scolaires par exemple) mais plutôt du péripublic. À ce titre, nos salaires ont été décrétés par la loi 70, mais nous ne sommes pas

140

inclus dans les décrets fixant les conditions de travail (loi 105).

Je ne peux m'empêcher de sourire en relisant ce qui précède. Parce que nous utilisions un ton pédagogique, nous avions l'illusion que nos gens pouvaient intégrer sur-le-champ toutes ces données. Je me demande bien comment on arrive à expliquer le fonctionnement du gros Front commun à ceux qui y appartiennent.

Le deuxième élément consistait à décrire les enjeux d'un point de vue syndical, mais sans utiliser un langage outrancier et des slogans stéréotypés. Voici un exemple de notre information à ce niveau: «L'employeur a ignoré nos revendications en regard des surnuméraires. Il a également refusé des demandes qui ne coûtent rien, comme la possibilité de prendre quatre semaines additionnelles de vacances à nos frais — au lieu de deux comme actuellement.» À certains moments cependant, nous avons été excessifs et nous avons quasiment caricaturé les conséquences des dépôts patronaux.

Le troisième élément consistait à retransmettre l'ambiance et le déroulement des négociations. Un membre du comité de négociation s'y appliquait avec humour dans une série intitulée «Tout ce que vous avez toujours voulu savoir sur les négos».

Où ça se passe? Dans les grands hôtels du centre-ville, Ramada Inn, Mont-Royal, Reine Élisabeth.

Comment la salle est-elle aménagée? Au Réseau, d'un côté dix personnes assises à une grande table (les patrons) avec des pots à eau et des verres en verre. En face d'eux, 20 représentants des syndicats assis à quelques petites tables, collées ensemble, avec des verres en plastique.

Qui prend la parole? Il n'y a que deux personnes qui peuvent parler: le porte-parole patronal et le porte-parole syndical.

Que se passe-t-il entre les séances de négociation? Entre chaque ronde, il y a une concertation syndicale. Et c'est là qu'entre en scène le jeu des pressions morales quand une décision

141

importante doit se prendre. S'agit-il d'identifier des priorités dans nos demandes ou d'arrêter une stratégie commune, les joueurs de calibre professionnel (les permanents syndicaux et certains présidents) et ceux de calibre amateur (les membres de sections locales) se lancent dans la mêlée.

En plus de présenter l'envers du décor, Françoise tenait un journal de bord qui était reproduit dans le bulletin.

25 novembre 1982 — négociation sectorielle
Arrivée des syndiqués: 9h30
Arrivée des patrons: 10h15
Sujet de l'échange: modification d'horaire
La partie syndicale soumet un nouveau texte.
La partie patronale fait quelques remarques.
La partie patronale se retire à 11h15.
La partie syndicale se retire pour dîner à 12h15.

En plus de soigner l'information, ce qui n'a quand même pas permis à nos membres de s'y démêler, nous avons visé à ce que les assemblées générales où se prenaient des votes de grève se déroulent efficacement et dans le calme. Nous avons tout fait pour que le plus de membres possible y assistent. Nous avons convoqué les assemblées générales à 17h pour qu'elles se terminent au plus tard à 20h. Nous avons expliqué dans le bulletin les procédures les plus courantes en assemblée. Cela a produit les résultats escomptés: un pourcentage élevé de nos membres était là pour se prononcer. De 300 à 450 en novembre, nous étions de 600 à 700 en janvier et février. Des personnes que nous n'avions jamais vues au micro se sont exprimées. Nous avons fait savoir aux gens combien nous étions satisfaits de leur participation et du déroulement des assemblées.

L'assemblée générale a refusé deux fois de voter un mandat de grève illimitée, alors que nous le recommandions fortement. Cependant, tout en affirmant que la grève nous semblait le meilleur moyen d'obtenir une convention acceptable, nous avions présenté l'ensemble des scénarios possibles, des plus probables aux très improbables. Nous avions invité les membres à se prononcer à partir d'une réflexion sur les différentes hypothèses. Nous voulions la participation la plus forte possible, même si nous savions que plus il y avait de monde, moins il était possible d'obtenir un mandat de grève. Beaucoup de membres pensaient quand même que nous voulions un mandat de grève à tout prix. Pourtant, les membres de notre comité de négociation étaient loin d'être des inconditionnels de la grève. Ils se sentaient souvent marginaux à l'intérieur du cartel syndical. Ils trouvaient que les désirs et les besoins des membres s'éclipsaient devant la défense à tout prix de soi-disant principes syndicaux.

Après le rejet de la grève illimitée, certains syndiqués nous ont demandé: «Êtes-vous très déçus, vous, d'avoir perdu votre vote?» Nous avons répondu dans le bulletin.

> Certains d'entre nous peuvent être déçus du résultat du vote; l'option qu'ils croient la meilleure a été rejetée. Cependant nous ne pouvons pas être déçus globalement puisque la consultation a été réussie: plus des deux tiers des membres étaient présents, les débats ont été à peu près sereins, les résultats du vote étaient clairs et finalement, face à des choix aussi complexes, personne ne peut être certain que son option ou sa stratégie soient vraiment les meilleures.[21]

---

[21] «À propos des négos», Le P'tit Soutien, vol. 1, numéro 11, 8 mars 1983, p. 2.

DE L'HUMOUR DANS LES MOYENS DE PRESSION

Nous avons rejeté la grève illimitée, ce qui ne signifie pas que nous n'avons rien fait. Nous avons exercé différents moyens de pression: grève de 24 heures, rassemblements lors de pauses café prolongées, ralentissements de travail, téléphones qui sonnent ailleurs, etc.

Nous nous sommes d'abord joints à la grève de 24 heures du Front commun en novembre. Il faut beaucoup de planification pour qu'un débrayage se déroule bien et qu'il laisse une impression de réussite plutôt qu'un arrière-goût amer:

— compter les portes (25) des dix pavillons et identifier une par une les personnes qui acceptent de venir piqueter pour les répartir;

— nommer des responsables de porte et équilibrer les équipes (par exemple, un délégué un peu «nerveux» avec un autre qui garde toujours la tête froide);

— donner des consignes très claires pour éviter les incidents désagréables: «On tente de convaincre les gens de ne pas entrer, mais s'ils ne veulent rien entendre, on les laisse passer.»;

— dresser la liste des services essentiels, y inclus la nécessité pour les assistants de recherche de nourrir des souris ou des rats;

— former une équipe volante composée du président, d'un clown, d'un photographe, pour
encourager ceux qui se gèleront les pieds.

Ce fut réussi; ceux qui avaient annoncé qu'ils seraient là
y étaient et d'autres se sont ajoutés. Nous avons pris l'habitude
d'aller au-devant des étudiants qui se massent aux abords des
portes de métro pour leur expliquer la situation et discuter avec
eux. En nous rendant sur le terrain qu'ils ont choisi d'occuper,
nous évitons des incidents sur les lignes de piquetage. Dans
nos tracts, nous nous excusions auprès des étudiants des inconvénients que pouvait causer l'arrêt de travail. Nous leur deman-
dions de nous communiquer leurs suggestions et commentaires.

Une bande de l'informatique a dressé une liste des raisons
invoquées par les uns et les autres pour pénétrer à l'intérieur.

— je suis professeur, MOI;
— je veux juste aller à ma case;
— je veux juste aller à la toilette;
— je veux juste prendre le métro;
— je veux vérifier s'il n'y a personne en dedans;
— il faut que j'aille nourrir mes rats (que d'animaux à l'UQAM! Nous pensions pourtant bien
avoir émis un laissez-passer à tous ceux qui avaient
des bêtes à soigner).

Même si la grève n'avait été déclenchée que pour 24
heures, des salariés sont entrés travailler. D'autres se sont
déclarés malades ou ont pris des vacances pour ne pas perdre
de salaire. Nous en avons parlé dans le bulletin, sans identifier
les personnes, en insistant sur le respect des décisions majoritaires plutôt qu'en proférant des menaces d'excommunica-
tion. Recevoir son salaire quand son propre syndicat est en
grève n'est pas un geste de noblesse, mais ce n'est pas par
l'insulte qu'on peut faire avancer les choses.

Ensuite, des moyens de pression à l'interne furent organisés comme en avaient décidé les membres. Tout devait se

dérouler dans un climat joyeux, sans dommages matériels à l'institution et sans que les usagers ne subissent trop d'inconvénients. Les moyens de pression constituaient une façon de rassembler les gens, de les mettre dans le coup de la négociation, de faire prendre conscience de notre efficacité quand nous nous organisons. Nous avons incité à la participation, nous avons expliqué que les moyens de pression nous éviteraient peut-être la grève, mais nous n'avons pas tordu de bras pour que les gens embarquent. Ils l'ont fait parce que cela leur permettait de vivre quelque chose avec d'autres, de sortir de la monotonie quotidienne et de manifester des insatisfactions de toutes sortes. Pour un grand nombre, c'était aussi une occasion de ne pas travailler.

Nous avons identifié des moyens de pression par un grand «brainstorming» collectif. Nous avons demandé aux syndiqués de «penser à des moyens intelligents et créateurs dans lesquels ils se sentent engagés». Il nous en a été suggéré des dizaines et des dizaines. Des gens qui ne voulaient pas la grève cherchaient encore plus fort que les autres. Parmi les plus originaux: poser sa candidature à tous les postes affichés pour lesquels on a les qualifications, ce qui oblige le Service du personnel à répondre à chacun; aller faire des visites de courtoisie aux administrateurs lorsqu'ils siègent au conseil d'administration ou à la Conférence des recteurs; amener les enfants au travail; téléphoner à mille au Service du personnel pour dire que «ce matin, on est au travail, on n'est pas malade»; respecter tous les processus administratifs et s'abstenir de prendre des décisions; jouer à la chaise musicale: par exemple, un matin une secrétaire devient commis à la polycopie, le commis à la polycopie fait des «clubs sandwiches» avec un camionneur.

Dans un deuxième temps, nous avons organisé des rencontres pavillonnaires à l'heure du dîner pour tenir des votes indicatifs: «Si vous votez pour, c'est que vous êtes prêts à le faire; sinon votez contre, même si vous trouvez le moyen intéressant et drôle.» Nous n'avons retenu que ce qui était privilégié à 80% par les membres. Finalement, nous sommes passés à l'action. Il y en a eu pour différents goûts durant une semaine à la fin de novembre et à l'époque de la Saint-Valentin.

Le symbole tangible de toute l'opération était un superbe macaron représentant un oiseau s'envolant dans un ciel très bleu. Il y était inscrit: NÉGOCIER LIBREMENT. Le graphiste qui l'avait produit pour le compte du SCFP a su trouver une image symbolique qui touche les gens: la liberté. Cela faisait contraste avec l'agressivité habituelle des slogans syndicaux. Nous avons acheté 300 macarons, il fallut s'en procurer 300 autres puis 150 encore. Nos membres les portèrent longtemps.

L'opération «Grand Ménage» démarra les activités. Les employés devaient en profiter pour ranger leurs filières et décorer collectivement les locaux. On répondait aux usagers, mais tout le reste pouvait attendre. Dès la première heure, nous avons distribué partout des ballons sur lesquels était inscrit: SEUQAM-SCFP 1294, NÉGOCIER LIBREMENT. Cela fournissait un élément de départ pour la décoration. Mais que d'énervement pour s'assurer que les centaines de ballons se retrouvent dans tous les pavillons de l'UQAM: les cordes se mêlent, le vent les entraîne, certains ne veulent pas s'asseoir sagement sur le siège arrière d'une automobile ou entrer dans l'ascenseur. Toujours est-il que nous avons livré la marchandise à l'enthousiasme des syndiqués: «Ça marche quand c'est le SEUQAM qui s'en occupe».

Les bouquets de ballons, comme les macarons, ont eu un immense succès; quatre mois plus tard, on en retrouvait accrochés à une lampe ou à une colonne, le corps ramolli mais portant encore le message. Les choses inhabituelles et drôles captent l'attention des gens. Et comme moyens de publicité auprès des usagers de l'UQAM, de superbes banderoles peintes à la main remplacent avantageusement les affiches habituelles[22].

Le second jour, des pauses café collectives prolongées ont été organisées par les délégués. Dans les gros pavillons, nous faisions des marches pour aller chercher les syndiqués

---

[22] Nous avons trouvé parmi nos syndiqués deux artistes de la banderole.

dans les unités de travail. Nous partions d'un service où il y avait beaucoup d'employés; à cinquante, nous faisions le tour de l'étage; nous étions 75 à l'autre étage et ainsi de suite. À la fin, nous nous trouvions des centaines dans la place centrale.

Pour toutes les circonstances, Georges — qui fait partie d'une chorale — nous composait des chansons, car nous ne voulions pas reprendre les vieilles rengaines. Il y avait la catégorie folklorique (Isabeau s'y promène), le style rétro (Rock around the clock), le ton engagé (L'Internationale). Par exemple, sur l'air de «Prendre un verre de bière mon minou»:

La loi 70, mon minou
C'est une vraie loi de filou
On prend d'une main
C'qui t'appartient
Pis de l'aut' on t'donne rien
Oui, ça c'est chien.

Comme thème, nous avons retenu le bruit. Nous avons demandé aux gens de se munir d'objets bruyants et nous avons distribué gazous et sifflets. Nous nous étions procuré des klaxons de bateau à air comprimé, qui font un bruit infernal. Normande organisait des concours entre l'équipe du pavillon Hubert-Aquin et celle du Judith-Jasmin. Elle faisait aussi chanter les gens. La pause café n'en finissait plus. Dans les pavillons plus petits, c'était assez réussi, quoique beaucoup moins spectaculaire. Au Carré Phillips, pavillon de l'administration, la procession bruyante s'est longuement attardée à l'étage du recteur, où tout est d'habitude calme et confort.

Le clou de l'affaire fut l'opération SL-1. L'UQAM a un système téléphonique ultra-moderne. Les SL-1 sont des téléphones qui permettent de renvoyer les appels à l'intérieur ou à l'extérieur de l'Université. Par exemple, quand une secrétaire de module s'absente, elle fait envoyer ses appels à la réceptionniste. Un directeur peut aussi faire transférer ses appels chez lui. Quand le personnel de soutien, qui dispose de beaucoup de ces téléphones, exerce des moyens de pression, cette magnifique invention peut lui être d'une grande utilité.

Nous avions plusieurs cibles potentielles pour les renvois SL-1. Dans un premier temps, nous avons opté pour les mass media, espérant obtenir pour la négociation dans le secteur universitaire un peu de publicité, l'attention étant entièrement tournée vers le Front Commun. À chaque délégué et à ses syndiqués, nous avons assigné un numéro de téléphone: la salle des nouvelles de Radio-Canada, CFTM-TV, CKAC, CJMS…

L'opération commençait à treize heures. Nous avons transmis le numéro de téléphone à ceux qui ne l'avaient pas eu, nous avons discuté avec ceux qui n'avaient pas suivi le mot d'ordre. Vers treize heures trente, c'était l'embouteillage téléphonique total. Une université fréquentée par 25 000 étudiants reçoit un nombre considérable d'appels; ils aboutissaient ailleurs pour la plupart. Les techniciens de la compagnie de téléphone ont d'abord pensé que des secrétaires avaient fait des erreurs en utilisant leur système de renvoi. Les postes de radio et de télévision se sont mis à répondre à ceux qui voulaient joindre l'UQAM:

> — «Les lignes sont mêlées»,

> — «Si vous appelez l'UQAM, veuillez contacter le Bell pour signaler une défectuosité»,

> — «Veuillez rappeler dans un quart d'heure, dans une demi-heure, dans… deux heures»,

et même

> — «L'UQAM est fermée».

Nous avons émis un communiqué de presse qui se lisait à peu près comme suit: «Postes de radio et de télévision, il se peut que vous receviez des appels étranges. Aussitôt que les membres du Syndicat des employés de soutien de l'UQAM auront pu négocier leur convention, ces erreurs d'aiguillage disparaîtront comme par enchantement.» À l'émission Présent de Radio-Canada (radio), la journaliste composait différents numéros de l'UQAM pour illustrer notre moyen de pression.

Elle appelait le module d'enseignement au primaire et on lui répondait «CKAC», elle s'essayait au bureau du registraire et elle aboutissait à CFTM-TV.

Par suite de nos diverses opérations, une sorte de panique s'est emparée de certains administrateurs de l'UQAM. Dès que survenait un incident sortant de l'ordinaire, ils s'imaginaient que cela s'insérait dans la stratégie des moyens de pression.

Le recteur a tenu son traditionnel «party» de Noël. Nous étions là pour lui manifester notre mécontentement: inviter des employés à fêter le jour même où on coupe leur salaire de 20%, c'est prendre des risques. Il nous faut toujours trouver le ton juste dans les manifestations, mais c'était encore plus important lors du boycottage du «party» du recteur, qui est un homme respecté. Donc nous étions là pour offrir à notre recteur des ballons «NÉGOCIER LIBREMENT», un sapin qu'il a laissé dans un coin et pour lui chanter des belles chansons: un «Minuit chrétien» retentissant, «Les anges dans nos campagnes» (version revue et corrigée) et le classique «Jingle Bells».

Notre procession s'est ébranlée dès que le «party» a commencé et s'est transformée en chorale autour de la piste de danse. Même s'il y avait autour de lui plusieurs personnes, notre recteur s'est trouvé psychologiquement seul pour nous écouter. Nous avons eu l'impression qu'il en voulait au gouvernement et à ses décrets pour avoir saboté l'atmosphère de sa soirée; cependant, il a réagi avec intelligence, même si tout cela l'atteignait visiblement. Le recteur est aussi un homme…

Après Noël, la Saint-Valentin. Encore de belles chansons: «Un amour comme le nôtre» et «L'amour est enfant de bohème». Cette fois-ci, nous avons distribué à chaque syndiqué un oeillet rouge auquel était attaché un message: ON VEUT UNE CONVENTION QU'ON VA AIMER. Dans chaque pavillon, un immense gâteau en forme de coeur, avec l'inscription: ON VEUT UNE CONVENTION QU'ON VA AIMER, pour rassembler les gens lors d'une pause café prolongée. Le gâteau du centre-ville était si gros (pour 200 personnes) que le pâtissier l'a confectionné en tenant compte de la largeur de la porte principale de son établissement. Et des centaines de syndiqués ont mangé un morceau de gâteau en jasant ensemble.

L'après-midi, nous avons repris nos moyens de pression. Nous avons renvoyé nos lignes téléphoniques vers:

> — le recteur et des cadres de l'UQAM, les recteurs des autres universités du Québec;

> — le bureau du premier ministre et de quelques ministres;

> — Loto-Québec et la Société des alcools;

> — les petites annonces de La Presse, des sièges sociaux de compagnies et de banques.

À différents moments, nous avons évalué le déroulement de l'opération «moyens de pression». Selon les réponses reçues des délégués, environ 70% de nos membres auraient participé. Après chaque phase, nous décrivions le déroulement des opérations dans Le P'tit Soutien afin que chacun puisse suivre ce qui se passait ailleurs.

Mettre en place des moyens de pression est beaucoup plus essoufflant que d'organiser une grève traditionnelle. Ces moyens peuvent cependant être efficaces quand ils sont utilisés de façon intelligente et sans qu'ils deviennent du sabotage. C'est nous qui faisons fonctionner la machine, nous pouvons l'arrêter de l'intérieur et cela rend les administrateurs impuissants. De plus, l'énergie créatrice et l'humour des membres sont ainsi utilisés. Nous n'avons fait qu'explorer cette piste en 1982-1983. Et si nous avons assez bien su vendre l'idée aux délégués, par contre nous n'avons pas assez démontré aux membres l'importance des moyens de pression. C'est sans doute pour cela qu'une idée ingénieuse comme celle de postuler tous les emplois affichés puis de se désister une fois sa candidature retenue — ce qui aurait rapidement provoqué un embouteillage dans tout le système d'embauche et d'attribution des postes — n'a pas retenu l'attention de nos syndiqués. Ils participaient aux actions de masse et de groupe, mais très peu à tout ce qui exigeait un geste individuel. Or certaines formes de pression s'exercent par l'addition de gestes individuels identiques.

Quelques conditions sont nécessaires pour qu'une telle opération réussisse. Il faut une solide ligne de délégués, une organisation impeccable et une large consultation des syndiqués. Il convient de varier continuellement les actions, car les gens se lassent vite. Pour les employés en contact direct avec les usagers, il est important de prévoir des activités où ils pourront se joindre aux autres. Finalement, l'effet de surprise devant être privilégié, les délégués comme les membres doivent faire confiance aux coordonnateurs car ils recevront les mots d'ordre au dernier moment et sans explications détaillées.

À l'automne de 1983, après deux grèves de 24 heures où les piqueteurs étaient loin d'être nombreux (moins du tiers des membres), deux semaines de négociations véritables ont mené à un règlement, les deux parties ayant fait preuve de bon sens. Deux semaines, après un an de perte de temps surtout due aux employeurs!

Nous avions un vieux rêve: faire signer symboliquement la convention collective par les membres pour démystifier l'opération et, également, pour que les syndiqués s'engagent dès le début de l'application de la convention plutôt qu'à la fin seulement, quand vient le moment de la grève. Des membres qui ont signé les textes de l'entente seront peut-être moins enclins à dire «Vous autres au syndicat». Nous avons pu réaliser notre rêve en décembre 1983. La cérémonie s'est déroulée dans la Grande Place de l'UQAM. Nous avons procédé aux signatures tant officielles que symboliques. Les 500 signatures sont reproduites dans la convention collective publiée. Le président et le recteur ont prononcé quelques mots. Ce dernier a su trouver le ton juste: «C'est rare que la signature d'une

153

convention collective soit une fête.» Les musiciens engagés pour la circonstance nous ont ensuite entraînés vers notre «party» syndical.

La fête fut particulièrement réussie: décorations qui créaient une ambiance joyeuse, animation par les musiciens, gros gâteau en forme de convention collective, toast au «champagne» et feux de Bengale. Des gars de métiers répétaient: «Ça, c'est tout un «party»!» D'autres syndiqués venaient nous serrer la main en soulignant la chaleur de la fête. Le SEUQAM se sortait relativement bien de la période de négociation, alors qu'en maints endroits il faut beaucoup de temps pour s'en remettre.

LA SOLIDARITÉ LARGE

Ce n'est que dans mon bilan de fin de mandat que j'ai osé mettre de l'avant mes préoccupations sociales. J'ai parlé des inégalités entre syndiqués du secteur public, des privilèges accordés à certains groupes (les années sabbatiques des professeurs d'université, par exemple). J'ai raconté mon rêve d'un mouvement syndical qui recommencerait à revendiquer activement pour toute la population. J'ai aussi parlé des objectifs initiaux de l'UQAM qui visait à être une université populaire.

Ce n'est pas suffisant. Il faut que ces actions de sensibilisation soient insérées dans une trame continue et qu'elles soient appuyées par une volonté politique. Nous avons voulu lancer le débat dans les rangs du SCFP en présentant au congrès de 1983 une proposition en quatre volets: la transformation des pratiques syndicales internes, l'exploration de nouvelles stratégies de négociation, la résistance au conservatisme ambiant, la création de solidarités larges. Il s'agissait de faire réfléchir le mouvement syndical sur ses objectifs, ses moyens et les résultats réels de son action, et d'utiliser les ressources des membres pour repenser l'action syndicale.

Notre proposition a été adoptée à l'unanimité... quelques minutes avant la clôture du congrès, les organisateurs n'ayant pas jugé bon de la présenter plus tôt. Elle a été reçue avec enthousiasme mais n'a pas fait l'objet d'un véritable débat parce que les congressistes avaient des autobus ou des avions à prendre. Une intervenante a déclaré au micro que si la résolution avait été présentée dès le début, 50% des délégués au congrès qui ont préféré passer un après-midi au soleil auraient

155

peut-être participé aux discussions en ateliers. Nous n'avons pas compris qui a eu intérêt à ce que cela se déroule ainsi. Un an plus tard, aucune suite n'avait été donnée à notre proposition.

Nous sommes revenus au SEUQAM décidés à mettre notre proposition en pratique. La Grande Marche pour l'emploi se préparait, et nous avons lancé une invitation pressante à y participer.

> Nous n'avons pas souvent parlé au SEUQAM des travailleurs mis à pied, des gens au salaire minimum, des chômeurs, des assistés sociaux. Vous avez plus souvent entendu un discours sur nos droits acquis et la protection de notre pouvoir d'achat. Pourtant, une pensée syndicale, c'est aussi affirmer que la justice sociale est une valeur qu'il faut encore défendre.

> (...) Le chômage, c'est l'inverse de la sécurité, l'inverse de la dignité, l'inverse de la fierté. Le chômage, c'est intolérable parce que le travail constitue le moyen de bien vivre, de se faire reconnaître par les autres, d'avoir une place dans la société. Le chômage, c'est avoir trop de temps libre, surtout quand on ne voit pas le moment où cela va changer. (...) Face à cette situation, il ne s'agit pas de se dire qu'on est bien chanceux d'avoir une job. Le travail est un droit, nous devons affirmer qu'il est possible et rentable socialement d'atteindre le plein emploi.

> La Grande Marche du 28 mai, c'est le moment de montrer une solidarité concrète à ceux que vous connaissez qui ne trouvent pas d'emploi.[23]

Nous n'étions pourtant qu'une poignée à la Grande Marche sous la bannière du SEUQAM.

Nous avons ensuite mis sur pied un comité de solidarité, qui a organisé des projections de films sur des thèmes sociaux. Michel, le président de l'époque, a associé le SEUQAM à la

---

[23] Tract «La Grande Marche, c'est pas une manif ordinaire», SEUQAM, 20 mai 1983.

156

relance de la caisse populaire de l'UQAM (qui devait fermer) pour sauver des emplois et continuer d'assurer le dépannage financier des étudiants.

J'étais venue au SEUQAM entre autres pour tenter de concrétiser mes préoccupations sociales et je n'en ai rien fait ou si peu... Je n'ai évidemment pas non plus osé dire qu'il faut inventer d'autres façons d'être et de vivre.

EN GUISE DE BILAN

Deux ans d'information, d'animation, de tournées, deux ans à tenter d'échapper aux rôles et au modèle, deux années devraient suffire pour faire un bilan.

Au SEUQAM, un noyau de membres actifs s'est recréé: il suit l'action, il est de tous les rassemblements. Il comprend moins du tiers des membres. On peut aller les chercher et provoquer leur enthousiasme, mais il faut constamment varier les approches, ce qui devient essoufflant à la longue. Un autre tiers est rejoint, mais épisodiquement et très superficiellement; on en trouve plusieurs qui préfèrent que leur patron ne sache pas qu'ils sont venus au syndicat pour parler de leurs problèmes. Le dernier tiers est invisible et s'en fiche complètement. Les inégalités (de salaires, de pouvoir, de prestige) sont fortes au sein du SEUQAM. L'entraide au travail est faible en plusieurs endroits. La conscience sociale n'est qu'individuelle.

L'information est lue, les fêtes sont des succès, les mots d'ordre pour les moyens de pression sont suivis. Je sais maintenant que c'est possible d'avoir du plaisir et de sentir un coude à coude dans un grand groupe, d'utiliser les ressources et l'énergie des membres. Nous avons le quorum aux assemblées générales, aux conseils syndicaux, aux assemblées de secteurs (sauf pour le secteur bureau). Le fonctionnement quotidien est donc assuré. Mais le quorum est fixé à 5% seulement des membres. Ceux-ci veulent bien se prononcer par questionnaire ou par l'entremise des délégués, mais ils sont allergiques aux réunions.

Nous avons des délégués ou des «poteaux» à peu près partout. Des nouveaux acceptent des responsabilités syndicales. Une partie des délégués est plus proche de sa base. Mais chaque année, il faut recommencer la campagne de publicité et multiplier les contacts personnels. Le modèle traditionnel de militantisme est encore omniprésent: surveillance, conflit, légalisme. Pour certains, ce que nous avons voulu faire est antisyndical. Il faudrait continuer longtemps pour créer un contre-modèle et pour en analyser les résultats.

Au plan personnel, cette expérience a été l'une des plus riches de ma vie. J'ai développé des habiletés. C'est rare d'avoir la chance d'animer un groupe de 1 000 personnes, de coordonner une organisation dans ses aspects politiques, administratifs et techniques. J'ai pu me sortir des tâches exclusivement intellectuelles, servir de chauffeur pour les livraisons, créer des bandes sonores...

J'ai trouvé de grands amis. J'ai vécu la solidarité concrètement, dans les moments les plus difficiles comme dans les plus exaltants. J'ai rendu du mieux que j'ai pu ce qui m'avait été donné en soutien. S'entraider signifiait fournir des idées et des commentaires, écrire une lettre à la place d'un autre, s'inviter au restaurant, laisser un mot ou une fleur pour encourager quelqu'un... Cela voulait aussi dire se faire des fêtes semblables à celles que nous organisions au SEUQAM. Je souhaite que les habiletés développées en équipe durant cette période soient réinvesties un jour.

J'ai pu entrer en contact avec des centaines de personnes, les écouter et leur parler; elles m'ont beaucoup appris. Dans bien des cas, la relation a pu être humaine et pas seulement «d'affaires». Mon bilan de présidente sortante invitait les gens du SEUQAM à me faire parvenir une dernière fois leurs commentaires. J'ai reçu beaucoup de lettres. J'ai alors compris qu'il était possible — en partie — de franchir le mur des rôles, même quand on occupe la présidence d'un syndicat de 1 000 membres.

Mais il n'y a pas eu que des enthousiasmes et des moments heureux. Ce n'est pas avec des fleurs, des ballons et des chansons qu'on dirige un syndicat. J'ai connu la peur, une peur incontrôlable. Je me suis mise à douter de mon jugement, de ce qui est moralement défendable et de ce qui ne l'est pas, et j'ai sûrement fait des choix contestables même si je les pensais corrects. J'ai vu des personnes que je considérais irréprochables se faire maltraiter. Ça s'appelle des luttes de pouvoir, paraît-il. Ça s'appelle du militantisme syndical, paraît-il. J'ai observé chez des membres des critiques gratuites, des mesquineries, du manque de courage: c'est inévitable, paraît-il. Mes deux années de syndicalisme m'ont amenée à beaucoup de réalisme. Mais à quel moment le réalisme risque-t-il de devenir du cynisme?

J'ai quitté après le règlement de la convention collective et sa signature par les membres. C'était un beau point final. Je suis partie parce que je n'avais plus la naïveté d'innover au SEUQAM, y connaissant trop les jeux de rôles et les entraves. Je ne me sentais ni abattue ni épuisée, je crois toujours aux idées que nous avons mises de l'avant; mais je n'avais tout simplement plus envie de vivre les mêmes scénarios. Notre plus grande force fut d'établir et de maintenir des liens avec les membres. Notre plus grande erreur fut de laisser les structures, les rôles et la peur nous détourner trop souvent de nos objectifs.

Pour que ça change

Je n'avais pas l'intention de m'aventurer dans une prospective formelle; j'avais l'impression qu'elle était implicite. De toute façon, j'ai tellement investi dans l'action que je n'ai pu systématiser mes idées aussi bien que je l'aurais voulu. Mais plusieurs personnes m'ont incitée à lancer des idées. Je peux transmettre mes convictions, expliciter les orientations que j'aurais voulu mettre de l'avant au SEUQAM, poser les questions pour lesquelles je cherche des réponses. Je prends quelques pages pour rêver.

A- Un projet social et politique

Les syndicats et la gauche doivent cesser d'attendre une révolution mythique qui résoudrait tous les problèmes et transformerait comme par magie les mentalités. Jouons un rôle social actif, retrouvons un pouvoir politique et tentons de construire peu à peu le système dont nous rêvons. L'action nous réussira certainement mieux que les lamentations.

Le capitalisme a considérablement augmenté le niveau de vie dans les pays industrialisés et il génère beaucoup d'innovations. Il produit aussi énormément de gaspillage et il maintient des inégalités marquées. Il faut dépasser le capitalisme mais quoi choisir? Le communisme n'a conduit qu'à une autre domination, celle de l'État, qu'à des régimes qui briment la liberté d'expression et d'association. La social-démocratie est la voie que nous devons continuer d'explorer. Elle pourrait conduire à une nouvelle forme de socialisme qui ferait autant confiance à l'initiative et à la responsabilité des individus et des groupes qu'à l'intervention de l'État; elle pourrait mener à autre chose que l'uniformisation produite tant par le capitalisme que par le communisme. La gauche québécoise devrait sérieusement envisager cette hypothèse quand elle se décidera enfin à chercher des solutions aux problèmes actuels.

L'idée de négocier une autre contrat social n'est pas neuve, mais elle est à reprendre. L'exercice serait long et ardu mais l'entreprendre et le mener à terme nous ferait progresser, même s'il n'en sortait pas des éléments aussi concrets que nous pourrions l'espérer. Il s'agit évidemment de concertations et de coordinations avec l'État, le patronat, les rassemblements de citoyens dans le but d'aménager la société présente, d'améliorer le sort des moins favorisés, de faire progresser des revendications syndicales tout en laissant place aux réclamations d'autres groupes. Il s'agit de participer à la gestion sociale — toujours source de conflits — pour transformer le système.

La concertation entre nous est-elle possible? L'individualisme et les idéologies rendent difficile toute possibilité de consensus et même l'émergence de tendances majoritaires. Mais dans le concret, des compromis sont possibles sur des valeurs et des enjeux de bien commun. Il n'est pas nécessaire d'être marxiste pour être sensible à la justice sociale, pas nécessaire d'être conservateur pour admettre la nécessité de certaines normes, pas nécessaire d'être libertaire pour vouloir échapper à la bureaucratie.

La transformation progressive du système est-elle possible? Tant que la majorité enviera la richesse, des inégalités très fortes de revenus seront inévitables et le profit individuel restera la principale motivation. Si ceux qui ont un niveau de vie raisonnable prennent conscience que le système capitaliste marginalise de larges couches de la population, s'ils comprennent qu'ils y sont eux-mêmes piégés par de faux besoins, ils pourront commencer à imaginer un projet de société un peu différent.

Le Québec à développer économiquement de façon originale, le virage technologique à démystifier et à orienter dans le cadre d'une culture scientifique large, la réduction des inégalités de revenus par une politique fiscale appropriée et la transformation du travail et son partage, la démocratisation de l'instruction et un parcours scolaire équivalent pour tous les adolescents, l'éducation permanente comme moyen de comprendre le réel, une prise en charge plus collective des responsabilités éducatives, une politique de la santé plutôt qu'une politique de la maladie et de la médecine, des stratégies de développement urbain qui cesseraient d'étirer Montréal vers Mascouche, des services publics moins bureaucratiques et la décentralisation par un pouvoir central qui jouerait son rôle d'orientation, une animation culturelle dynamique et plus d'exigences vis-à-vis les mass media, la défense des consommateurs en termes d'utilité et de durabilité des produits, voilà une plate-forme politique qu'il vaudrait la peine de défendre et à laquelle se rallieraient encore beaucoup de syndiqués et de Québécois.

La question nationale a toujours été présente au Québec. Le problème n'est pas réglé parce que nous nous sommes désarmés nous mêmes en mai 1980. Nous ne serons jamais gagnants dans l'association canadienne, c'est la suite logique d'une domination. Nous ne perdrons peut-être jamais nos réflexes d'insécurité et la souveraineté du Québec ne sera peut-être jamais réalisée mais elle constitue un élément essentiel d'un projet de société, en présumant l'accueil aux groupes ethniques et l'ouverture aux enjeux qui intéressent toute l'humanité.

À qui les syndicats doivent-ils s'associer politiquement? Faut-il appuyer le Parti québécois parce qu'il constitue toujours le regroupement le plus important de forces progressistes au Québec, ou faut-il créer un nouveau parti social-démocrate parce que le PQ a perdu son pouvoir de mobilisation? La deuxième hypothèse est plus attirante mais est-elle réaliste à court terme? Une fois la décision prise, il faudra faire front commun derrière les leaders et les soutenir dans l'orientation social-démocrate. La seule façon d'être progressiste, c'est d'investir de façon continue dans un projet progressiste, en admettant qu'il faudra toujours procéder à des réorientations: le monde est toujours à refaire.

B- L'utilisation de notre force économique

Les questions économiques ne peuvent laisser indifférents les syndicats du public: la crise économique et l'effondrement de l'emploi dans le secteur de la production ont des répercussions sur le secteur public et sur l'ensemble des travailleurs. Ne nous contentons plus de dénoncer les politiques économiques des gouvernements, utilisons notre force économique collective pour influencer le développement du Québec dans le sens de nos préoccupations sociales.

Individuellement, il nous faut comprendre les rouages économiques, les mécanismes de la publicité, les recours possibles comme consommateurs. Il nous faut tirer le meilleur parti possible des institutions et services publics. Les hôpitaux sont surchargés mais il y a un ensemble de ressources culturelles et de loisirs qui sont très peu utilisées: centres d'interprétation de la nature, musées régionaux, circuits historiques... Nous devons apprendre à nous en servir pour que l'État entreprenne d'autres développements. Il faut aussi prendre conscience de notre pouvoir économique collectif. Nous devons gérer nos fonds de retraite, canaliser l'épargne, négocier de meilleurs services auprès de certaines entreprises, en boycotter d'autres pour qu'elles transforment leurs produits ou leurs approches de relations de travail.

À cet égard, l'importance du Fonds de solidarité de la FTQ ne sera jamais assez soulignée. Il s'agit de l'un des projets les plus positifs et les plus stimulants mis sur pied par le mouvement syndical. Il vise à recueillir les contributions de tous ceux qui veulent faire leur part pour le plein emploi et le développement économique du Québec. Il assure en même temps des avantages fiscaux intéressants: crédit d'impôt provincial en sus des déductions dues à un régime d'épargne-retraite. Le Fonds de solidarité investit en argent, en services et en expertise dans les petites et moyennes entreprises, principales sources d'emploi dans le secteur manufacturier au Québec. Il veut aussi servir «d'école» de formation économique.

Sa première intervention est un coup de maître. A la Poterie laurentienne, le Fonds a réussi à mettre en contact tous les partenaires et à débloquer la situation. Son intervention a fait en sorte que le client principal a élargi ses contrats, que la banque a décidé de maintenir son financement, que l'entreprise a réembauché les employés qu'elle avait congédiés, doublé le nombre d'emplois et signé une convention collective avec le syndicat. Il faut faire connaître le Fonds de solidarité, le soutenir et y participer et même nous donner d'autres outils d'intervention économique et sociale.

C- La transformation radicale du travail

Les syndicats doivent revaloriser le travail et viser à sa transformation radicale et, ce faisant, ils créeront un nouvel intérêt pour l'action syndicale. Réclamons non seulement le droit au travail, mais aussi l'épanouissement au travail: ainsi nous pratiquerons un syndicalisme non bureaucratique et centré sur l'être humain.

Il faut penser en termes de partage des tâches à accomplir dans une société et de partage du temps libre créateur. Le travail est alors vu comme une contribution au mieux-être collectif. Il inclut, tout au long de l'existence, à la fois l'emploi ou la formation, l'activité bénévole ou la participation aux tâches monotones de production en série, l'écriture d'un livre ou l'éducation des jeunes. En échange de sa contribution sociale, chacun obtiendrait un revenu suffisant qu'il pourrait augmenter dans la mesure du temps consacré et des mandats acceptés. Cela assurerait la spécialisation tout en laissant la possibilité à chacun de faire autre chose pendant une partie du temps consacré au travail. Cela démarquerait moins le travail intellectuel du travail manuel, la théorie de la pratique, le travail des études. Quant au temps libre, il pourrait être bien autre chose que temps vide, évasion ou consommation. Il pourrait, entre autres, servir à créer les environnements, les itinéraires de voyage, les vêtements qui contribueraient à nous personaliser et qui compléteraient les biens de base produits en série.

Par ailleurs, il faut dès maintenant intégrer les sans-travail dans des activités productives, l'aide sociale et l'assurance-chômage étant de bien piètres palliatifs. Il ne manque pas de choses à faire, d'enfants à garder, de parcs à construire, de rues à repaver, de connaissances à regrouper et d'inventions utiles à imaginer; il suffit d'y croire, de le décider et d'y mettre ce qu'il faut. Il faut également permettre à ceux qui le désirent de travailler moins d'heures tout en faisant progresser la revendication d'une diminution générale et significative du temps de travail. C'est la seule façon d'arrêter de s'essouffler durant la vie active entre l'emploi à temps plein, le perfectionnement professionnel, l'éducation des enfants, les engagements de toutes sortes alors que les plus jeunes et les plus vieux sont réduits à l'inactivité.

Il faut aussi faire en sorte que ceux qui ont la sécurité d'emploi retrouvent un enthousiasme qu'ils ont perdu. Dans les secteurs public et parapublic, il faut expérimenter la cogestion partout où il est véritablement possible d'être associé à la prise de décision, ce qui augmentera nos capacités de planification, d'organisation et d'évaluation en regard de la gestion des institutions. Il faut travailler en équipe et s'échanger l'information, source de pouvoir. Il faut faciliter la mobilité volontaire (prêts de service, échanges d'emplois...) pour ceux qui y voient un moyen de retrouver de l'intérêt au travail. Il faut aussi que chacun puisse le plus possible aménager son temps de travail. Ceux qui choisiront autre chose que le 9 à 5 assureront par le fait même un plus grand accueil à la clientèle, on pourrait même diminuer leurs heures de travail sans perte de revenus. Il faut recréer une fonction publique dynamique, pour nous d'abord, pour les usagers ensuite.

Quand les syndiqués n'accepteront plus de produire de rapports inutiles et de remplir un formulaire servant à obtenir d'autres formulaires, quand les équipes s'opposeront aux administrateurs incompétents et feront modifier les normes absurdes au lieu de les contourner, quand chacun retrouvera sa responsabilité individuelle et sa créativité, quand les tâches monotones seront mieux réparties, nous aurons transformé le travail et nous nous surprendrons peut-être à chanter en venant travailler. Et tant pis pour les mandats institutionnels et les descriptions de fonction!

Ceux qui veulent faire progresser une institution doivent aussi explorer des formes de concertation ponctuelles entre individus n'appartenant pas aux mêmes catégories (cadres, professeurs, employés, étudiants). Par exemple, l'université — grâce à la concentration de ressources humaines et matérielles qu'on y trouve — peut être un élément de transformation du système. Encore faut-il que ceux qui y croient ne soient pas censurés dès le départ par leur association ou leur syndicat.

Pour ce qui est des relations de travail, il faut dissocier les revendications sociales des problèmes de travail qui se posent différemment dans chacun des milieux. D'une part, il faut des Fronts communs très larges pour négocier au nom de tous les travailleurs des salaires et des avantages sociaux suffisants. Il faut réserver les grèves générales pour des enjeux larges et laisser en poste les syndiqués des services essentiels pour éviter que la population en soit trop pénalisée.

D'autre part, il faut une négociation locale permanente pour régler les problèmes courants: application et modification de la convention collective, insatisfactions qui trouvent leurs sources ailleurs, implantation de la bureautique... Il faut décentraliser au maximum pour que les personnes concernées trouvent des solutions à leurs problèmes spécifiques. C'est dans le quotidien que les problèmes seront discutés et que des gestes de protestation seront posés, si nécessaire. La réplique adéquate remplacera la grève fourre-tout, à la fois pour revendiquer des augmentations salariales, pour améliorer certaines clauses de la convention et pour tenter d'obtenir la démission d'un directeur du personnel obtus. Les membres comprendront alors mieux les sujets en litige, ils s'impliqueront dans la mesure où ils considéreront ces enjeux importants pour eux et pour les autres membres du syndicat. La solidarité aura des chances de jouer concrètement. Dans certaines institutions, ce sera la guerre perpétuelle, comme c'est le cas maintenant. Dans d'autres, on échappera à la dynamique des relations de travail traditionnelles (enfler les demandes, s'en tenir à une approche légaliste…); la négociation fonctionnera et la concertation s'établira.

D- La vie syndicale

À l'intérieur des syndicats, les pratiques sont à modifier pour que les membres entrevoient autre chose que le modèle syndical traditionnel. Arrêtons de nous persécuter et de chercher des boucs émissaires, et transformons notre fonctionnement interne.

Dans les cercles de militants, le climat doit absolument changer; il n'est pas nécessaire de s'entretuer pour que les tensions créatrices s'excercent. Il faut apprendre les bases du travail d'équipe et de la dynamique des relations interpersonnelles. Il faut en arriver à se «ficher la paix» quand on ne pense pas de la même façon. Ceux qui ont envie de réaliser ensemble des projets doivent pouvoir le faire; on peut élire le coordonnateur d'un comité et le laisser compléter l'équipe. Des exécutifs élus avec des programmes d'action doivent pouvoir les mettre en pratique; on doit leur fournir un support dans la planification du changement s'ils veulent innover. Nous pouvons inciter des étudiants à entreprendre des recherches-action ou à faire leur stage dans le milieu syndical, et nous alimenter à leurs idées.

Vis-à-vis des membres, il faut oublier nos stratégies de mobilisation et adopter une approche d'animation continuelle. Une telle approche suppose une analyse du milieu pour en identifier les forces et en utiliser la créativité. Elle implique de diversifier les types d'activités pour rejoindre le plus de gens possible: des activités proprement syndicales, des rassemblements socio-politiques, des manifestations culturelles, des occasions d'entraide, des fêtes. Il faut sortir des sentiers battus et organiser des fêtes du printemps, des accueils aux usagers, des expositions de ce que créent les syndiqués, des «petites annonces» d'échange de services…

Pour que les syndiqués développent un sentiment d'appartenance et un esprit de groupe, il faut des unités syndicales de taille réduite ou un fonctionnement par secteur et il faut que les exécutifs recrutent des animateurs. Pour que les membres sentent l'efficacité du syndicat, il faut leur parler autant de ce qui va bien et des dossiers qui progressent que de ceux qui achoppent. Pour qu'ils participent réellement, il faut inventer de nouvelles formules de consultation sur les enjeux majeurs: débats auquels peuvent assister ceux qui y sont intéressés, puis vote dans les unités de travail; «brainstormings» collectifs, puis diffusion des idées émises pour que chacun indique ses préférences... Nous devons augmenter les quorum afin que les décisions importantes ne puissent jamais être prises par une petite minorité. Pour le reste, il faut laisser les exécutifs décider et cesser de vouloir associer les membres à l'administration courante.

Il faut en même temps faire en sorte que le maximum de personnes accomplissent du travail syndical; c'est le seul contrepoids à la bureaucratisation, à l'idéologisation excessive et à la surcharge de travail imposée à ceux qui acceptent des responsabilités. *Être syndiqué devrait impliquer de prendre sa part des tâches syndicales*, selon ses compétences et ses disponibilités. Mais comment inciter à la participation des personnes qui ne désirent même pas être syndiquées? Se pose alors le problème de la cotisation syndicale obligatoire. Doit-on se diriger vers la libre adhésion syndicale ou, au contraire, viser à la syndicalisation à 100% et créer des points de rencontre pour les différents courants de pensée? Faut-il des centrales aux orientations différentes ou une seule super-centrale? Autant de questions à résoudre de façon cohérente en se rappelant que des syndiqués «obligés» ne font pas un syndicalisme fort, et en visant la solidarité tout en évitant la bureaucratisation.

L'activité syndicale doit se donner une dimension culturelle. Il faut utiliser des lieux de travail désaffectés (des usines, des écoles), en faire des endroits de rencontre et des points d'information et de service, y ajouter des cafés et y organiser des fêtes populaires. Il faut y raconter l'histoire du syndicalisme de façon vivante. Il faut non seulement préserver le passé, mais intégrer le présent et les perspectives d'avenir et regrouper nos intellectuels et nos créateurs. Il faut produire des articles pour les publier ailleurs que dans les journaux syndicaux et à d'autres moments qu'en période de négociation, il faut produire des films-témoignages, il faudrait même écrire des musiques et des chansons.

Les syndicats et la gauche doivent cesser d'attendre une révolution mythique; ils doivent transformer leurs pratiques et modifier le système de l'intérieur. *Tout n'est pas qu'affaire de structures, il reste à inventer des façons d'être et de vivre, d'aimer et de se rencontrer, de vieillir et de mourir.* Tout serait bien différent si chacun était capable de faire des choix et de les assumer, de refuser ou de transformer ce qui l'insatisfait et d'apprécier le reste. Tout serait bien différent si chacun allait au bout de ses possibilités sans chercher à se conformer à tout prix ni à se démarquer absolument. Un véritable projet progressiste est aussi un projet de changement en regard de l'existence individuelle et de l'éducation des enfants.

Pour finir

J'ai découvert depuis longtemps qu'on pouvait vivre différemment sur le plan individuel. Mais depuis quelques années, les discussions de projets de société me manquaient. Ce livre a été pour moi une occasion de réaliser que nous étions plusieurs à tenter de protéger nos rêves et à souhaiter des changements.

Il serait stimulant de retrouver un esprit semblable à celui des années soixante et de se remettre à construire l'avenir pour nous et pour les jeunes. Il y a tellement à améliorer dans une société que nous pourrions toujours être en mouvement. C'est absurde de vivre au rythme des cycles économiques et de les subir comme s'ils dépendaient de la main de Dieu. *Les syndiqués du secteur public ont encore des idées, les jeunes également; les syndicats peuvent se transformer et ils peuvent le faire dans l'enthousiasme plutôt que dans les grincements de dents.*

Certains diront que c'est irréaliste d'appeler au changement. Pourtant, il se vit autre chose ailleurs, il s'est vécu autre chose ici. Il ne s'agit pas de tout démolir. *Il s'agit soit d'accepter le réel existant et d'arrêter de se plaindre, soit de transformer ce qui est insatisfaisant.*

L'utopie et le rêve sont des moteurs puissants pour l'action; tant le Québec que le mouvement syndical en ont grand besoin. Si le syndicalisme ne peut en retrouver, il sera de plus en plus une institution semblable aux autres. Il ne pourra plus être un facteur de changement social, il aura perdu le puissant pouvoir de la mobilisation. Il ne restera à ceux qui vibrent encore aux notions de justice sociale et de fierté au travail, à ceux qui vibrent tout court, il ne restera à ceux-là que de passer à autre chose et de se regrouper en d'autres lieux.

TABLE DES MATIÈRES

Achevé d'imprimer
en octobre mil neuf cent quatre-vingt-quatre
sur les presses de l'Imprimerie Gagné Ltée
Louiseville - Montréal.
Imprimé au Canada